AKPALÔ
HISTÓRIA

Rosiane de Camargo
- Licenciada em História pela Universidade Federal do Paraná (UFPR)
- Pós-graduada em História do Brasil pela Faculdade Padre João Bagozzi
- Autora de materiais didáticos

Wellington Santos
- Bacharel em História pela Universidade de São Paulo (USP)
- Autor e editor de materiais didáticos

5º ANO
Ensino Fundamental
Anos Iniciais

HISTÓRIA

AKPALÔ
Palavra de origem africana que significa "contador de histórias, aquele que guarda e transmite a memória do seu povo".

São Paulo, 2019
4ª edição

Editora do Brasil

Dados Internacionais de Catalogação na Publicação (CIP)
(Câmara Brasileira do Livro, SP, Brasil)

Camargo, Rosiane de
  Akpalô história, 5º ano / Rosiane de Camargo, Wellington Santos. – 4. ed. – São Paulo: Editora do Brasil, 2019. – (Coleção akpalô)

  ISBN 978-85-10-07416-2 (aluno)
  ISBN 978-85-10-07417-9 (professor)

  1. História (Ensino fundamental) I. Santos, Wellington. II. Título. III. Série.

19-27933   CDD-372.89

          Índices para catálogo sistemático:
            1. História : Ensino fundamental 372.89
       Iolanda Rodrigues Biode - Bibliotecária - CRB-8/10014

4ª edição / 4ª impressão, 2025
Impresso na Ricargraf

Avenida das Nações Unidas, 12901
Torre Oeste, 20º andar
São Paulo/SP – CEP 04578-910
Fone: + 55 11 3226-0211
www.editoradobrasil.com.br

© Editora do Brasil S.A., 2019
Todos os direitos reservados

Direção-geral: Vicente Tortamano Avanso
Direção editorial: Felipe Ramos Poletti
Gerência editorial: Erika Caldin
Supervisão de arte e editoração: Cida Alves
Supervisão de revisão: Dora Helena Feres
Supervisão de iconografia: Léo Burgos
Supervisão de digital: Ethel Shuña Queiroz
Supervisão de controle de processos editoriais: Roseli Said
Supervisão de direitos autorais: Marilisa Bertolone Mendes

Supervisão editorial: Priscilla Cerencio
Coordenação pedagógica: Josiane Sanson
Edição: Mariana Tomadossi
Assistência editorial: Felipe Adão e Ivi Paula Costa da Silva
Copidesque: Gisélia Costa, Ricardo Liberal e Sylmara Beletti
Revisão: Alexandra Resende e Elaine Cristina da Silva
Pesquisa iconográfica: Odete Ernestina, Priscila Ferraz, Tempo Composto Col. de Dados Ltda e Elena Molinari
Assistência de arte: Letícia Santos e Samira de Souza
Design gráfico: Andrea Melo e Patrícia Lino
Capa: Megalo Design
Edição de arte: Patrícia Lino
Imagens de capa: FatCamera/iStockphoto.com, LSOphoto/iStockphoto.com e skynesher/iStpckphoto.com
Ilustrações: Alex Argozino, Christiane S. Messias, Dam Ferreira, Desenhorama, Elder Galvão, Erik Malagrino, Fabio Nienow, Hugo Araújo, José Wilson Magalhães, Marcos de Mello, Paula Haydee Radi, Rodval Matias e Simone Matias (aberturas de unidade)
Produção cartográfica: Alessandro Passos da Costa, DAE (Departamento de Arte e Editoração), Sonia Vaz e Studio Caparroz
Coordenação de editoração eletrônica: Abdonildo José de Lima Santos
Editoração eletrônica: Armando F. Tomiyoshi
Licenciamentos de textos: Cinthya Utiyama, Jennifer Xavier, Paula Harue Tozaki e Renata Garbellini
Controle de processos editoriais: Bruna Alves, Carlos Nunes, Rafael Machado e Stephanie Paparella

CONTEÚDO DIGITAL PARA ALUNOS
Cadastre-se e transforme seus estudos em uma experiência única de aprendizado:

1 Entre na página de cadastro:
https://sistemas.editoradobrasil.com.br/cadastro

2 Além dos seus dados pessoais e dos dados de sua escola, adicione ao cadastro o código do aluno, que garantirá a exclusividade do seu ingresso à plataforma.

```
4775222A3059493
```

3 Depois, acesse: https://leb.editoradobrasil.com.br/
e navegue pelos conteúdos digitais de sua coleção :D

Lembre-se de que esse código, pessoal e intransferível, é valido por um ano. Guarde-o com cuidado, pois é a única maneira de você acessar os conteúdos da plataforma.

Editora do Brasil

Querido aluno,

Esta coleção foi feita para que você conheça um pouco mais de sua história, da história de sua família, da história do lugar em que vive e dos grupos dos quais faz parte.

Você estudará História por meio do que existe a seu redor e aprenderá onde e como encontrar informações que o ajudem a entender a origem e as tradições de sua comunidade.

Neste livro, você conhecerá a história mais recente do Brasil e as importantes mudanças que ocorreram desde o final do século XIX até a atualidade e compreenderá as mudanças e permanências na cultura e na política de nosso país.

Você verá que o exercício da cidadania é uma conquista histórica e que essa conquista é feita diariamente com a participação de todos, inclusive com a sua.

Conhecer o passado é manter viva a memória. Participar do presente é dever de todos para, assim, garantirmos um futuro brilhante.

Os autores

Sumário

UNIDADE 1
Povos e suas histórias 06

Capítulo 1: O que é um povo 08
Criando um lugar para viver 08
A sobrevivência como ponto de partida 09

Capítulo 2: Primeiros povos 14
Os primeiros registros 14
Muitas escritas, diferentes saberes................ 15

Capítulo 3: Formas de se organizar 20
Organizando sua aldeia............................... 20
Organização da sociedade........................... 21
O que é política 22

Capítulo 4: As aldeias que se tornam Estados.. 26
Necessidade de organização 26
Entre a monarquia e a república................... 27

> **Hora da leitura:** Formas de organização política nos livros 32
> **História em ação:** Mulheres no governo e nas guerras 33
> **Revendo o que aprendi** 34
> **Nesta unidade vimos** 36
> **Para ir mais longe** 37

UNIDADE 2
O Brasil como país 38

Capítulo 1: Da monarquia à república no Brasil 40
Entre a coroa e a espada 40
A crise do Império 41

Capítulo 2: O Brasil Republicano........... 48
A bandeira nacional 48
A Proclamação da República 49
O governo provisório 50
A Constituição de 1891 51
A República da Espada................................ 52

Capítulo 3: A consolidação da república (1894-1930) 56
Vida de operário 56
A República Oligárquica 57

Capítulo 4: A Era Vargas 66
A Era do Rádio... 66
A Crise de 1929 e a mudança política no Brasil 67
O Estado Novo... 72

> **#Digital:** Sociedade da informação........ 73
> **Hora da leitura:** Os direitos das crianças .. 76
> **História em ação:** A restauração dos monumentos de nossa história 77
> **Como eu vejo:** As notícias sobre meu país 78
> **Como eu transformo:** Analisando a informação 80
> **Revendo o que aprendi** 81
> **Nesta unidade vimos**............................. 84
> **Para ir mais longe** 85

UNIDADE 3
Democracia, ditadura e cidadania 86

Capítulo 1: Um período democrático (1946-1960) 88
Vamos fazer uma televisão? 88
A volta da democracia 89

Capítulo 2: Entre democracia e ditadura (1960-1964) 96
Bilhete presidencial 96
O breve governo de Jânio Quadros (1961) ... 97
O governo de João Goulart (1961-1964) 98

Capítulo 3: O Regime Militar (1964-1985) 102
Memória e história 102
Militares no poder 103

Capítulo 4: Tempos de democracia 110
Participando da vida pública 110
Uma nova república 111
A Constituição de 1988 112
O povo volta às urnas 113

> Hora da leitura: Discursos políticos 118
> História em ação: Os registros de documentos oficiais 119
> Revendo o que aprendi 120
> Nesta unidade vimos 122
> Para ir mais longe 123

UNIDADE 4
Os desafios do século XXI 124

Capítulo 1: Desafios no Brasil atual 126
O povo vai às ruas 126
Os rumos da política contemporânea 127
O processo eleitoral de 2018 130

> #Digital: *Fake news* e checagem de informação 132

Capítulo 2: A cidadania em construção 134
Todos temos direitos 134
Entre avanços e retrocessos 135
Os direitos e deveres dos cidadãos 137

Capítulo 3: Leis que garantem direitos 140
Seus direitos 140
Estatuto da Criança e do Adolescente 141
Estatuto do Idoso 141
Lei Brasileira de Inclusão da Pessoa com Deficiência 142

Capítulo 4: O desafio da tolerância 146
Diálogo entre culturas 146
Os princípios da tolerância 147

> Hora da leitura: Religiões brasileiras 152
> História em ação: As igrejas e a memória 153
> Como eu vejo: As religiões e o mundo 154
> Como eu transformo: Conhecendo e respeitando as diferenças religiosas 156
> Revendo o que eu aprendi 157
> Nesta unidade vimos 160
> Para ir mais longe 161

Atividades para casa 162
Unidade 1 162
Unidade 2 164
Unidade 3 166
Unidade 4 168

Datas comemorativas 170
Dia Internacional da Mulher – 8 de março .. 170
Dia do Trabalho – 1º de maio 171
Dia Internacional dos Direitos Humanos – 10 de dezembro 172

Caderno de cartografia 173
Encartes 175

UNIDADE 1
Povos e suas histórias

- Que elementos mais chamam sua atenção nesta imagem? Por quê?
- Em sua opinião, o que está sendo representado na cena?
- Que grupos e pessoas você identifica nela? Explique.

Simone Matias

CAPÍTULO 1
O que é um povo

Criando um lugar para viver

Imagine que um grupo de astronautas encontrou um novo planeta para viver.

1. Recorte os astronautas da página 175 e cole-os abaixo.

2. Que elementos você considera importantes para que os astronautas possam viver em uma sociedade como a que você vive?

A sobrevivência como ponto de partida

Seus colegas citaram os mesmos elementos que você?

É provável que não! Saiba que isso também ocorreu com nosso planeta!

Assim como você e os colegas da turma pensaram em diferentes elementos para colonizar esse planeta imaginário, os vários grupos humanos escolheram diversas formas de organização social para ocupar seu espaço no planeta Terra.

Independentemente de como esses grupos se organizaram, todos eles tinham algo em comum e precisaram se preocupar com alimento e proteção.

Durante milhares de anos, a caça, a pesca e a coleta de frutas, raízes e folhas foram as formas de o ser humano obter seu sustento. Isso fazia com que precisasse mudar de lugar em busca de novas fontes de alimento, sendo, portanto, nômade.

Acampamentos como esse da fotografia são de grupos nômades que existem ainda hoje. Trata-se de acampamentos que utilizam recursos disponíveis nos lugares onde esses grupos vivem, como galhos de árvores e peles de animais. Acampamento Matmata Berber, Tunísia.

Para facilitar os deslocamentos, as moradias e abrigos eram cavernas, grutas e lugares naturalmente protegidos. Alguns grupos usavam tendas feitas com galhos, peles de animais e outros recursos encontrados na natureza.

Esse período foi longo e é conhecido por nós como **Paleolítico**.

Depois de milhares de anos vivendo como nômades, os seres humanos desenvolveram técnicas e tecnologias que facilitaram seu modo de viver, como a confecção de instrumentos de caça, o domínio da técnica de acender o fogo – um recurso importante para a sobrevivência –, e a domesticação de animais.

Além disso, observando a natureza e seus ciclos, conseguiram desenvolver a agricultura.

Todos esses avanços possibilitaram que os grupos humanos se estabelecessem em uma região, plantando, colhendo e pastoreando animais.

Glossário

Paleolítico: também chamado de Idade da Pedra Lascada, é o período da História que começou com os primeiros hominídeos e se estendeu até o desenvolvimento da agricultura.

Mudanças na sociedade

Pastoreio e agricultura também possibilitaram o aumento da população humana, uma vez que conseguir alimento tornou-se atividade mais simples e muito mais segura do que caçar.

Esse período de sedentarização – fixar-se em um lugar e utilizar essas técnicas e tecnologias para a sobrevivência – foi chamado de **Neolítico**.

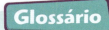

Glossário

Neolítico: período da Pré-História em que os seres humanos desenvolveram a técnica da agricultura, considerada uma das maiores conquistas da humanidade.

A sedentarização não fez apenas com que a população humana aumentasse em quantidade.

Ao se fixar em um lugar, os grupos humanos passaram a necessitar de abrigos mais seguros e duradouros.

Assim, as moradias precisavam ser mais fortes, e os seres humanos começaram a construir suas casas com materiais mais resistentes, de acordo com o que havia disponível na região que ocupavam. Esse tipo de construção se chama arquitetura ou construção vernacular.

▶ Casa vernacular feita de pedra em Bento Gonçalves, Rio Grande do Sul.

▶ Casa vernacular feita de taipa (mistura de barro, cal e madeira) em Eldorado, São Paulo.

Os animais passaram a ter outras serventias além da alimentação.

Os cães, que foram um dos primeiros animais domesticados pelo ser humano, ajudavam na caça e na proteção do grupo. Animais maiores, como cavalos e bois, podiam ajudar no transporte de cargas que eram muito pesadas para os humanos.

Um pouco mais sobre

Trabalho e comércio

No Período Neolítico, os grupos humanos passaram por grandes transformações.

Em decorrência do aumento da população e devido à necessidade de cuidar da plantação e da criação de animais, construir casas mais seguras, proteger o grupo e produzir mais ferramentas, houve a divisão social do trabalho.

Em vez de todos no grupo realizarem as mesmas atividades, eles se subdividiram. Enquanto uma parte trabalhava na construção das casas, outra se dedicava ao plantio ou à caça.

Isso possibilitou o aumento da produção de alimentos e de ferramentas.

Assim, tudo aquilo que não era utilizado por um grupo poderia ser trocado por outros itens que fossem necessários.

Por exemplo, um grupo que tivesse muitas peles de animais poderia trocá-las com outro que dispusesse de ferramentas de trabalho a mais.

Desse modo, surgiram as primeiras formas de comércio, e, com o passar do tempo, essas trocas foram se tornando mais complexas.

▶ Representação de uma cena na Pré-história.

Atividades

1 Observe as imagens a seguir, que representam cenas da pré-história, e faça o que se pede.

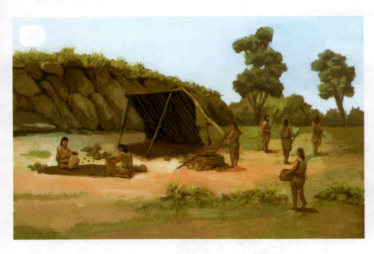

Ilustrações: Hugo Araújo

a) De acordo com o processo de sedentarização, numere as imagens na ordem correta dos quadros.

b) Explique como você chegou à resposta do item anterior.

_____
_____
_____
_____

2 Observe a imagem seguir e leia o texto. Em seguida responda à questão.

> Esta casa não poderia ser uma casa feita de acordo com a arquitetura vernacular.

◆ A afirmação acima está correta? Explique.

_____

_____

_____

_____

3 Leia as afirmações a seguir e escreva **V** nas afirmações verdadeiras e **F** nas afirmações falsas.

☐ A busca por alimento e proteção foi o ponto de partida para os grupos humanos se desenvolverem.

☐ Diferentemente dos animais, os seres humanos sempre conheceram a agricultura.

☐ Desenvolver a agricultura e a criação de animais possibilitou ao ser humano se fixar em um território.

☐ No Período Neolítico foi desenvolvida a divisão social do trabalho; assim a produção de alimento aumentou e surgiram as primeiras relações comerciais.

☐ Ao se fixar em um local, os seres humanos deixaram de caçar, pescar e coletar, dedicando-se apenas à agricultura ou ao pastoreio.

4 Explique por que as afirmações em que você marcou **F** na atividade anterior estão erradas.

_____

_____

_____

5 Em sua opinião, a divisão social do trabalho definiu que mulheres fizessem o trabalho doméstico e que os homens fossem caçadores? Explique.

CAPÍTULO 2
Primeiros povos

Os primeiros registros

Esta ilustração representa uma aldeia do Neolítico, com plantações, criação de animais e produção de ferramentas.

1. Os moradores da comunidade neolítica representada acima precisavam registrar quanto o grupo produzia para trocar o que sobrava com outro grupo. Crie símbolos para registrar a produção do grupo.

2. Troque de livro com um colega e responda: Você registrou a produção da aldeia do mesmo modo que o colega? O que foi diferente e o que foi igual na observação de vocês?

Muitas escritas, diferentes saberes

Quando você estuda sua história pessoal, eventos como o nascimento, o início da fala, os primeiros passos ou o primeiro dia de aula são considerados importantes, pois marcam mudanças em sua vida.

Quando estudamos a história de nosso bairro, da comunidade ou da cidade, alguns acontecimentos também se destacam.

Da mesma forma, no estudo da história da humanidade, alguns fatos são considerados muito importantes, porque trouxeram grandes transformações.

Vimos, por exemplo, uma grande transformação que mudou a história dos seres humanos – a sedentarização – porque está ligada ao desenvolvimento da agricultura e ao aparecimento dos primeiros povoados e vilas.

Agora estudaremos outro momento de transformação social, aquele em que ocorreu a invenção da escrita.

▶ A escrita cuneiforme é uma das formas de registro mais antigas da humanidade. Com um estilete eram feitos traços para registrar as informações. Na fotografia, vemos uma tábua de argila com registros referentes a estoque de alimentos, criada em 3300 a.C.

O desenvolvimento da escrita possibilitou aos grupos humanos registrar e compartilhar informações. Entretanto, assim como diferentes grupos desenvolveram formas distintas de construir suas casas, a escrita foi desenvolvida com base em experiências e necessidades próprias de cada comunidade. Por isso, surgiram diversos tipos de escrita.

Os primeiros sistemas de escrita

Os primeiros sistemas de escrita que conhecemos surgiram na China, na Mesopotâmia e no Egito.

Diferentemente de nosso atual sistema de escrita, que representa graficamente sons da fala, essas primeiras formas de registro eram feitas com **pictogramas** e **ideogramas**.

> **Glossário**
>
> **Ideograma:** símbolo que representa uma ideia, um acontecimento, um objeto.
>
> **Pictograma:** desenho simples que representa objetos, quantidades ou medidas.

A escrita entre os chineses

A organização da sociedade chinesa também se iniciou com a busca por alimento e proteção, como em outros grupos humanos.

Com o passar do tempo, os antepassados dos chineses, que viviam de caça e coleta, estabeleceram-se em uma área boa para o plantio, nas margens de um importante rio, hoje chamado Huang Ho ou Rio Amarelo.

Nessa região, eles passaram a plantar cereais e criar animais, como porcos, essenciais até hoje na culinária chinesa. Assim, esses grupos começaram a construir suas casas com o que dispunham no lugar, como palha, madeira e argila, praticando a arquitetura vernacular.

▶ Museu Banpo, construído com base nas escavações do sítio arqueológico de Banpo, nas imediações da cidade de Xian, Shaanxi, China.

Foi nessa época, com a formação dos primeiros povoados, há mais de 4 mil anos, que eles desenvolveram um sistema de escrita para registrar uma série de informações importantes para toda a comunidade.

Mais de 1 500 anos depois de ter surgido, com o crescimento da sociedade chinesa e a necessidade de uniformizar os registros em todo o território ocupado por eles, esse sistema de escrita foi aprimorado.

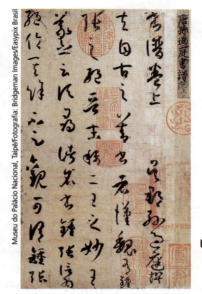

▶ Manuscrito chinês escrito pelo calígrafo Sun Qianli, que viveu entre os anos de 646 e 691.

O sistema de escrita dos maias

Em outras partes do mundo, apesar de passar por um processo bastante parecido, a invenção da escrita ocorreu de forma diferente e em momentos diversos.

Os maias, povos que habitavam parte do que hoje é a América Central, também criaram um sistema de escrita.

Tendo se instalado próximo ao Oceano Pacífico há cerca de 3 500 anos, as primeiras comunidades maias dedicaram-se à agricultura e ao trabalho com cerâmica. Elaboraram também um complexo sistema de escrita, com hieróglifos que representavam sons e símbolos.

A escrita maia – usada para registrar eventos cotidianos e festas religiosas – era considerada tão importante que deveria ser ensinada somente à parcela mais privilegiada da população: os sacerdotes e os nobres.

▶ Página do Códice Tro-Cortesiano (ou Códice de Madri), criado entre os séculos XIII e XV.

Atividades

1. Com qual finalidade os diferentes grupos humanos inventaram sistemas de escrita?

___

2. Explique a diferença entre as formas de escrita a seguir.

Pictograma	Ideograma

3. Quais são as principais diferenças entre a escrita chinesa e a escrita maia?

___

4 O braile é um sistema de escrita desenvolvido em relevo para que as pessoas cegas ou com baixa visão possam ler. Ele utiliza uma célula com seis casas para representar cada uma das letras do alfabeto. Observe:

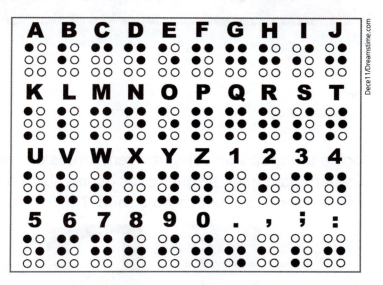

◆ Reescreva a frase a seguir usando a representação do sistema braile abaixo.

A escrita transformou a sociedade.

5 Utilizando uma linguagem pictográfica, escreva no espaço abaixo por que você acha a escrita uma invenção importante.

19

CAPÍTULO 3 — Formas de se organizar

Organizando sua aldeia

1. Imagine que você e um grupo de colegas vivem juntos em uma aldeia. Como vocês se organizariam para garantir que todos os membros da aldeia tivessem acesso à proteção, alimentação, educação e saúde?

a) Anote as respostas no caderno:
- Como as decisões sobre o que sua aldeia precisa fazer são tomadas?
- Como vocês organizaram a proteção das pessoas da aldeia?
- Como sua aldeia produz alimentos?
- Como é a educação na aldeia?
- E a saúde? Quem é responsável por ela?

b) Para finalizar, cada grupo deverá apresentar aos outros as soluções que encontrou. Comparem-nas. Há pontos semelhantes? E quais são as diferenças?

Organização da sociedade

Viu quantas coisas são necessárias para organizar uma aldeia?

Para nos organizarmos é necessário pensar em como conseguir as coisas mais importantes para a sobrevivência de todos. Além disso, é preciso achar um modo de fazer todos da comunidade agirem de acordo com as propostas.

Assim como você e seus colegas, os primeiros grupos humanos enfrentaram questões semelhantes.

Mas outro aspecto importante: as decisões de como organizar a comunidade não se baseavam exclusivamente na vontade de cada pessoa do grupo. O meio em que esse grupo estava instalado também influenciava a forma pela qual ele se organizava.

Num local em que era difícil conseguir alimento, por exemplo, essa era a maior preocupação das pessoas. Assim, boa parte dos recursos do grupo estava voltada para esse objetivo.

▶ Esta pintura egípcia de 2700 a.C. mostra atividades ligadas à alimentação: caça a aves, agricultura e pecuária.

Já para algum grupo que tenha se estabelecido numa região em que o alimento era abundante, a maior preocupação passava a ser proteger essa região e administrar bem os recursos provenientes dela.

> Para organizar a aldeia desta ou daquela forma, de acordo com os recursos e de modo que todos a aceitassem, surgiram líderes, chefes, pessoas escolhidas para conduzir os membros do grupo.

O que é política

Viver em sociedade e participar da vida em coletividade é fazer política. Ao seguir as ideias de um líder, os habitantes das aldeias do passado já estavam fazendo política.

Existem muitas formas de fazer política. Você pode participar diretamente das decisões sobre o que será feito no lugar em que vive, ou escolher alguém que tome essas decisões por você.

Vamos conhecer algumas dessas formas.

Onde nasceu a noção de política

A palavra **política** teve origem em Atenas, na Grécia Antiga. Em grego antigo, cidade era "pólis", e tudo que se associasse à administração dela era chamado de politeia; em razão disso, o termo **política** passou a ser usado para se referir a essa administração e a tudo que estivesse relacionado à vida dos cidadãos.

A Grécia Antiga se desenvolveu com base na Ilha de Creta, a maior daquela região do Mar Mediterrâneo. Em busca de proteção e alimentos, grupos nômades se instalaram na ilha e lá se fixaram, dedicando-se ao cultivo de cereais, à criação de animais e à pesca. Com o crescimento das aldeias, os cretenses passaram a dominar o comércio em toda a região.

Para administrar essa comunidade, os líderes criaram uma grande estrutura. Por causa da importância e do tamanho de suas famílias, eles se tornaram reis que cuidavam de tudo aquilo que era coletivo de acordo com a vontade deles, sem consultar as pessoas que viviam nas aldeias.

Esse modelo de organização social se espalhou pela região e foi copiado por outros povos que invadiram a Ilha de Creta, como os aqueus e os dórios. Mais tarde, quando esses povos invadiram a região da Grécia, eles fundaram ali **cidades-Estado** e continuaram usando o sistema de realeza, mas acrescentaram ao governo as assembleias de guerreiros. Esses militares, que se destacavam na guerra e eram parentes do rei, ganharam poder para também tomar decisões sobre a administração das cidades.

Glossário

Cidade-Estado: tipo de cidade que surgiu na Grécia Antiga e em outras regiões banhadas pelo Mar Mediterrâneo. Eram inicialmente administradas por um rei e por guerreiros que tinham relação de parentesco com o rei.

▶ Pintura do século VI a.C. representando guerreiros da época da realeza nas cidades-Estado gregas.

Em Atenas, uma das cidades-Estado da Grécia Antiga, esse modelo de organização também foi seguido no início; mas, em 508 a.C., um dos membros da assembleia que auxiliava o rei instituiu uma série de mudanças, ampliando a participação dos cidadãos nas decisões gerais.

O objetivo dessas reformas era fazer com que todos os cidadãos em Atenas participassem da vida política.

Mas nem todos os grupos humanos se organizaram dessa forma.

Outros modos de organizar a sociedade

Alguns grupos humanos criaram outras formas de organização de sua sociedade; por exemplo, os indígenas da etnia guarani mbyá, que ainda hoje vivem em muitos estados do Brasil e em países vizinhos, como a Argentina e o Paraguai, organizam as aldeias em torno das famílias.

Nesses grupos há dois líderes: o espiritual e o político. A liderança espiritual e religiosa cabe ao avô da família, podendo ser exercida também pela avó. Já o líder político do grupo é escolhido entre as pessoas que se mostram mais competentes para a função. É esse líder que fará contato com todas as pessoas que não fazem parte da comunidade.

▶ Indígenas guaranis tocam flauta. Aldeia Piraquê-Açu, Aracruz, Espírito Santo.

Apesar de haver uma divisão do trabalho, é normal que todos que vivem na mesma aldeia executem as mesmas funções, sendo comum o trabalho comunitário.

Assim, a educação, a caça, o plantio, a proteção e todas as outras tarefas de interesse do grupo são feitas por todos.

Atividades

1 O que influenciou a forma pela qual os grupos humanos se organizaram para sobreviver nos primeiros tempos da História?

_____
_____
_____
_____

2 Na Grécia Antiga, o que era política?

_____
_____

3 Preencha o quadro a seguir apontando as diferenças entre as formas de organização dos cretenses, atenienses e guaranis.

	CRETENSES	ATENIENSES	GUARANIS
Quem administrava			
Como era escolhido			

4 No passado, as mulheres tinham mais direitos políticos na sociedade ateniense ou na sociedade guarani? Justifique.

_____

_____

_____

_____

5 Atualmente as mulheres brasileiras têm direitos políticos? Converse com os colegas sobre isso e deem exemplos de participação das mulheres na política.

6 A escola em que você estuda também precisa ser administrada. Responda às questões a seguir sobre a administração de sua escola.

a) Quando algo importante precisa ser feito, como são tomadas as decisões?

_____

_____

_____

_____

b) As pessoas da comunidade em que você vive participam dessas decisões? E você, participa?

_____

_____

_____

_____

c) Em sua opinião, ao participar dessas decisões você atua politicamente em sua comunidade?

_____

_____

_____

CAPÍTULO 4
As aldeias que se tornam Estados

Necessidade de organização

Você e os colegas da turma organizaram uma aldeia, lembra?

Imagine que a forma pela qual vocês fizeram isso foi tão boa que sua aldeia cresceu e se tornou um país.

Reúnam-se novamente em grupos e, juntos, respondam às questões a seguir.

Kau Bispo

1. O que faz de seu agrupamento humano um país?

2. Que modo de governar vocês escolheram?

3. Considerando que democracia significa participação de todos e autoritarismo quer dizer alguns se impondo a outros, o governo escolhido é democrático ou autoritário? Por que o grupo decidiu por esse tipo de governo?

Entre a monarquia e a república

Os diferentes agrupamentos humanos passaram por processos semelhantes ao longo da história.

Eles se sedentarizaram, desenvolveram a agricultura e a escrita, a população deles aumentou e eles criaram a divisão do trabalho. Isso possibilitou que os grupos crescessem ainda mais e ampliassem seus territórios.

Chefes de aldeias se tornaram reis, e os valores compartilhados por um grupo se tornaram a identidade de uma nação.

Entretanto, antes de continuarmos, precisamos compreender o que é uma nação e que nem todas as nações estão organizadas do mesmo jeito.

Para isso, vamos aprender a diferença entre **nação** e **Estado**.

> **Nação** é uma comunidade estabelecida em determinado território e que tem unidade étnica, histórica, linguística (de língua) e/ou religiosa.

O Brasil, por exemplo, é uma nação, pois a comunidade que vive em seu território, apesar de não apresentar unidade étnica, fala a mesma língua e compartilha a mesma história.

> **Estado** (escrito assim, com inicial maiúscula) é a reunião de todos os setores que administram uma nação.

Mais uma vez, no caso do Brasil, o Estado é tudo o que está ligado aos poderes Executivo, Legislativo e Judiciário.

Os Estados podem se organizar de diferentes formas, de acordo com sua história e com o interesse de seu povo.

Há, ainda, algumas nações sem Estado, como os curdos.

Os curdos são um grupo étnico com unidade linguística e histórica, mas não têm território. Eles ocupam regiões entre a Turquia, o Iraque, o Irã, a Síria e a Armênia.

▶ Comunidade de curdos na França.

Atualmente, são duas as formas mais comuns de governo pelo mundo: a monarquia e a república.

Monarquia: uma das formas mais antigas de organização do Estado

Quando estudamos as primeiras comunidades humanas, vimos que elas, em geral, eram formadas em torno de grandes famílias e que os mais velhos se tornavam os chefes desses grupos.

Com o crescimento das aldeias, que se transformaram em grandes cidades, os chefes das famílias passaram a ser reis, e essa é a origem das monarquias.

Os reis eram chefes de Estado e tinham plenos poderes. Quando um rei morria, ele era substituído pelo filho mais velho ou por outro parente próximo. Assim, o poder sobre uma comunidade ficava com a mesma família por muitas gerações.

Monarquias como essas ainda existem e são chamadas de **monarquias tradicionais**. Em países como Marrocos, Arábia Saudita e Jordânia, os reis têm poder absoluto.

Já em países como Dinamarca, Suécia, Japão e Reino Unido, a monarquia é um pouco diferente, pois os reis não têm poderes efetivos. Eles são mantidos apenas para cumprir responsabilidades simbólicas, sendo um elemento de unidade da nação.

▶ O rei Salman, da Arábia Saudita, inspeciona a guarda de honra em Kuala Lumpur, Malásia, 2017.

Nesses países, a Constituição – o conjunto de leis e normas criado pelos representantes dos cidadãos – limita os poderes dos reis, por isso elas são chamadas de monarquias constitucionais.

▶ Rainha Elizabeth II, do Reino Unido, inspeciona a guarda de honra em Edimburgo, Escócia, 2017.

República: outra forma de organizar o Estado

Diferentemente de um rei que sobe ao trono por ser filho do antigo rei, na república o chefe de Estado é o presidente, eleito pelo povo. Ele pode ficar no poder por determinado período e deve prestar contas de seus atos.

O nome vem do latim *Res publica*, que quer dizer "coisa pública". Esse modelo surgiu em Roma, que se tornou um dos maiores impérios do mundo.

Existem diferentes tipos de república, mas, em geral, são formas de organização do Estado em que os administradores de todos os bens públicos são eleitos pela comunidade que constitui a nação.

Na república brasileira, por exemplo, o poder está dividido em três, e os representantes de dois desses poderes, do Legislativo e do Executivo, são, em geral, eleitos pelos cidadãos.

Uma república é democrática indireta ou representativa, ou seja, é uma forma de governo em que os cidadãos votam para eleger seus representantes.

A república pode ser ainda presidencialista ou parlamentarista.

Na república presidencialista, os eleitores escolhem o presidente, que deverá governar por determinado tempo pondo em prática o plano de governo dele.

Na república parlamentarista, além de escolherem um presidente, que será o chefe de Estado, os eleitores votam em deputados, que formam o Parlamento. Esses deputados escolhem um primeiro-ministro, que atuará como chefe de governo, isto é, como governante do país.

O sistema parlamentarista pode existir também nas monarquias. Por isso se diz que, na monarquia parlamentarista, "o rei reina, mas não governa".

Outra forma de organizar o Estado é a democracia direta, que foi mais comum na Antiguidade, por exemplo, nas cidades gregas. Nela, o povo participa diretamente da administração dos interesses das coisas públicas.

Esse sistema de governo só tem condições de ser posto em prática em lugares em que a população é muito pequena.

▶ Pedro Bruno. *A Pátria*, 1919. Óleo sobre tela, 1,90 m × 2,79 m.

Atividades

1. O que é uma nação?

2. O que é um Estado?

3. O que faz do Brasil uma nação?

4. Qual é a diferença entre a monarquia tradicional e a monarquia constitucional?

5. Preencha o quadro a seguir apontando as diferenças entre uma república presidencialista e uma república parlamentarista.

	REPÚBLICA PRESIDENCIALISTA	REPÚBLICA PARLAMENTARISTA
Quem realmente governa		
Quem elege o presidente (chefe de Estado)		
Quem elege o primeiro-ministro (chefe de governo)		

6 A democracia direta só é posta em prática em lugares em que a população é muito pequena. Isso quer dizer que no Brasil não há uma democracia?

_____

_____

_____

7 Em duplas, pesquisem o significado de ditadura e conversem sobre essa forma de governo, formulando hipóteses sobre os motivos de existirem governos ditatoriais.

8 Observe o mapa da página 174. Escolha três países representados em cores diferentes, faça uma pesquisa sobre eles e preencha o quadro a seguir com as informações obtidas.

NOME DO PAÍS	FORMA DE GOVERNO	ATUAL GOVERNANTE

9 Em seus mais de 500 anos de história, o Brasil já passou por diferentes sistemas de governo. Já fomos uma monarquia, tivemos uma experiência parlamentarista e, atualmente, somos uma república presidencialista.

Pesquise a história dos sistemas de governo no Brasil e crie uma linha do tempo no caderno apresentando esses diferentes sistemas e seus respectivos períodos.

Hora da leitura

Formas de organização política nos livros

A democracia é tão importante que é tema de diversos livros infantis. Até poema que fala de democracia se faz!

Vamos ler o trecho de um deles:

> A democracia é como um recreio
> Em que todos podem brincar de tudo
> Na democracia, as pessoas podem
> Pensar o que quiserem.
> Dizer o que quiserem
> Encontrar e se reunir com quem quiserem.
> Pois todos participam
> E decidem um pouco
> Como em todos os jogos,
> no jogo da democracia também existem regras.
> E é preciso cumprir algumas leis
> A democracia é feita por todos,
> para que depois todos estejam de acordo
> em quase tudo.

Marta Pina. *A democracia pode ser assim*. São Paulo: Boitatá, 2015.

1. De acordo com a autora, a democracia é como um recreio. Em sua opinião, por que ela diz isso?

2. Qual é a semelhança entre a democracia e os jogos feitos na hora do recreio?

3. Se a monarquia tradicional fosse uma brincadeira de recreio, qual seria?

4. Quando você e os colegas se reúnem em grupo na sala de aula, vocês são democráticos? Justifique sua resposta com exemplos.

HISTÓRIA em ação

Mulheres no governo e nas guerras

Atualmente a discussão sobre a participação das mulheres em todos os espaços das comunidades está muito presente.

Mas isso não quer dizer que o papel das mulheres na História foi secundário. Ao contrário!

Apesar de pouco valorizadas pela História tradicional, foram muitas as mulheres que desempenharam papéis importantes – até mesmo como líderes de grandes nações.

A rainha Elizabeth I, por exemplo, foi a líder da Inglaterra e da Irlanda entre os anos 1558 e 1603.

O governo dela foi marcado por tolerância religiosa e, apesar de ser protestante, ela deu liberdade para que os católicos manifestassem sua fé, evitando perseguições religiosas, ao contrário do que haviam feito seu pai e seus irmãos.

No Brasil também são muitas as mulheres consideradas ícones (símbolos) de força e luta, como Maria Quitéria.

▶ *Rainha Elizabeth I*, c. 1600. Óleo sobre painel, 127,3 cm × 99,7 cm.

Nascida em Feira de Santana, na Bahia, Maria Quitéria de Jesus Medeiros é uma das heroínas da independência do Brasil. Ela foi voluntária nas guerras de independência, mesmo contra a vontade do pai.

Depois de cortar o cabelo e se vestir como homem, Maria Quitéria alistou-se no Exército e serviu até ser descoberta, duas semanas depois. Apesar disso, por sua habilidade, foi mantida no Exército e combateu com bravura.

Mas nem só no governo ou nos combates as mulheres se destacam.

Elas estão presentes em nosso dia a dia transformando o mundo com o próprio trabalho.

E na sua comunidade, quem são as mulheres de destaque?

▶ Domenico Failutti. *Dona Maria Quitéria de Jesus Medeiros*, 1920. Óleo sobre tela, 155 cm × 53,5 cm.

Revendo o que aprendi

1. Qual é a relação entre a organização das primeiras comunidades humanas e o meio geográfico em que elas viviam?

   _____
   _____
   _____

2. De que maneira o crescimento das comunidades humanas possibilitou o surgimento do comércio?

   _____
   _____
   _____
   _____

3. Podemos afirmar que todos os agrupamentos humanos passaram por processos de organização social ao mesmo tempo? Exemplifique.

   _____
   _____
   _____
   _____

4. Por que surgiram diferentes tipos de linguagem e de escrita nas comunidades humanas?

   _____
   _____
   _____
   _____

5 Complete o quadro com as características das sociedades humanas antes e depois do desenvolvimento da agricultura.

	ANTES DA AGRICULTURA	DEPOIS DA AGRICULTURA
Nômades ou sedentários?		
Como sobreviviam?		
De quem eram as terras e os produtos?		
Quem trabalhava?		
Uma descoberta importante dessa época		

6 Escreva **F** ou **V** nas afirmações sobre a organização política das sociedades humanas.

☐ Política é a participação das pessoas na administração e no governo da sociedade.

☐ Os primeiros grupos humanos eram governados por pessoas que pertenciam às famílias mais antigas ou de mais prestígio.

☐ O primeiro sistema de governo criado pelos seres humanos foi a república.

☐ A diferença entre monarquia e república é que na monarquia o governante é escolhido pelo voto dos cidadãos.

☐ Atualmente não existem mais monarquias no mundo.

☐ Uma forma de governo é o parlamentarismo, em que o primeiro-ministro ocupa o cargo de chefe de governo.

☐ Nação e Estado são diferentes, porque nação é o conjunto de pessoas unidas pela mesma origem, língua e tradições culturais; e Estado é a organização administrativa e política de um território.

Nesta unidade vimos

- Independentemente da origem do ser humano, a necessidade de subsistência e de proteção foi o que impulsionou a organização das sociedades.

- Elementos culturais, como a forma de organização da sociedade e outros aspectos da vida humana, são influenciados pelo meio em que um grupo humano vive.

- O desenvolvimento da agricultura e da escrita possibilitou aos grupos humanos crescer, dando origem a aldeias, que se tornaram cidades e civilizações complexas.

▶ Tábua de argila criada em 3 300 a.C.

- Há diferentes formas de organização de um grupo humano, as quais também estão ligadas aos recursos disponíveis no meio em que ele vive e às suas necessidades.

- Há diversas formas de governo, como monarquia e república. O parlamentarismo é uma alternativa tanto nas repúblicas quanto nas monarquias.

▶ *Rainha Elizabeth I*, c. 1 600. Óleo sobre painel.

Para finalizar, responda:

- Quais são as características de uma nação?
- Que forma de organização de Estado você daria a uma nação? Justifique.
- Compare suas respostas às duas questões acima com as respostas de um colega. Qual delas você considera mais completa e por quê?

Para ir mais longe

Livros

- **A democracia pode ser assim**, de Marta Pina. São Paulo: Boitatá, 2015.

    O livro ensina o que é democracia por meio de imagens próximas de seu cotidiano, tomando como exemplos a hora do recreio e o jogo: atividades em que todos os participantes têm de tomar decisões e assimilar regras.

- **A ditadura é assim**, de Mikel Casal. São Paulo: Boitatá, 2015.

    Com base em exemplos simples, o livro mostra o funcionamento e os perigos de uma ditadura, um sistema político que funciona apenas para um pequeno grupo.

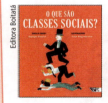

- **O que são classes sociais?**, de Joan Negrescolor. São Paulo: Boitatá, 2016.

    Por que uns têm mais do que outros? Por que uns mandam mais do que outros? Por que uns vão para a universidade e outros param de estudar para trabalhar? O que são classes sociais? Essas e outras perguntas são respondidas nesse livro, que traz uma importante lição: todas as pessoas têm os mesmos direitos e, enquanto houver desigualdade, haverá a busca por uma sociedade mais justa.

- **A política**, de Alexia Delrieu. São Paulo: Ática, 2008.

    Para entender de assuntos sobre os quais todos os adultos conversam, como governo, democracia e corrupção, você precisa saber o que é política e por que ela é tão determinante em nossa vida. Esse livro trata de todos esses assuntos, sem complicação.

2 O Brasil como país

- O que está sendo representado na imagem?
- Quais grupos sociais e que pessoas você identifica nela? Explique.
- Que elementos mais chamaram a sua atenção nessa cena? Por quê?

CAPÍTULO 1
Da monarquia à república no Brasil

Entre a coroa e a espada

Observe a charge a seguir.

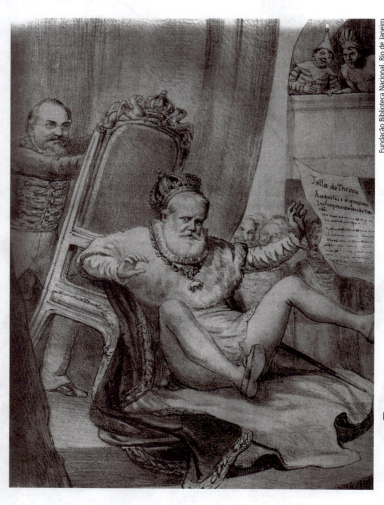

Ângelo Agostini. *Caricatura de D. Pedro II satirizando o Império*. Ilustração publicada na *Revista Illustrada*, 1882.

1. Quem é o personagem principal retratado nessa imagem?

2. Em sua opinião, a que acontecimento de nossa história essa imagem se refere? Justifique.

3. Essa imagem é uma charge. Qual é o objetivo desse tipo de imagem?

A crise do Império

O Segundo Reinado, denominação dada ao período em que D. Pedro II foi o governante do Brasil, iniciou-se em 1840.

Durante as primeiras décadas, esse governo foi marcado pela estabilidade econômica e pela modernização, possibilitadas, sobretudo, pela riqueza decorrente da produção de café. No entanto, na década de 1870 muitos problemas políticos e sociais se destacaram e desestabilizaram o regime monárquico.

De maneira geral, a maior parte da população era pobre, ficava afastada das decisões políticas e era composta de um grande número de escravos. Naquela época, poucas pessoas tinham acesso à educação, à cultura e aos benefícios proporcionados pelos lucros do café. Além disso, o povo estava constantemente sujeito a doenças como febre amarela, cólera e varíola.

Em época de surto, essas doenças espalhavam-se rapidamente devido à falta de **infraestrutura** das cidades. Essa situação era mais evidente nas cidades maiores, que atraíam cada vez mais moradores. No Rio de Janeiro, capital do Império, havia problemas como a precária distribuição de água potável e a falta de redes de esgoto. Esses fatores agravavam a saúde da população e propiciavam o avanço de doenças.

> **Glossário**
>
> **Infraestrutura:** conjunto de serviços públicos, como rede de esgoto, abastecimento de água e coleta de lixo.

▶ Johann Moritz Rugendas. *Aguadeiros*. Gravura publicada em *Viagem pitoresca através do Brasil*, 1835. A rede de distribuição de água na cidade do Rio de Janeiro durante o Império era precária. As pessoas precisavam percorrer longas distâncias para pegar água nas fontes, trabalho que ficava a cargo dos escravos.

As ideias republicanas

Nas últimas décadas do século XIX, houve um agravamento das questões sociais, pois o custo de vida se elevou com o aumento dos preços, ressaltando ainda mais as desigualdades sociais que já predominavam no Brasil. Diversas revoltas populares eclodiram nesse contexto. Além disso, a centralização do poder pelo imperador desagradava grande parte dos brasileiros. Ganhavam força e importância ideias que defendiam que o poder não deveria ser exercido por reis ou imperadores, e sim por um governante que fosse eleito pelo povo e desse mais liberdade para as províncias.

Os jornais da época publicavam artigos que defendiam os ideais republicanos e criticavam o regime monárquico. Tais ideais já circulavam pelo país desde o Período Colonial, mas foi somente a partir de 1870, com o movimento organizado no Rio de Janeiro, que foram se alastrando pelas províncias brasileiras e ganhando mais seguidores.

Entre eles havia um grupo de militares do Exército, alguns setores da Igreja Católica, grandes fazendeiros, jornalistas, médicos e negociantes que desejavam um governo mais liberal e moderno. Para os cafeicultores paulistas, que controlavam economicamente o país, um governo que não centralizasse tanto o poder seria mais adequado a seus interesses.

▶ Charge de Ângelo Agostini em apoio às ideias republicanas, publicada na revista *O Mosquito*, em 1873.

O império a caminho do fim

Durante boa parte de seu reinado, D. Pedro II contou com o apoio de três grupos importantes da sociedade brasileira: os grandes fazendeiros, os militares e a Igreja Católica. A partir de 1870, entretanto, diversas situações motivaram esses grupos a se opor ao governo, contribuindo para o fim da monarquia.

Conflitos com a Igreja Católica

A Igreja Católica tinha fortes relações com o regime monárquico. Em 1864, entretanto, uma ordem do papa contrariou os interesses do imperador, que se recusou a cumpri-la. Membros da Igreja Católica, então, posicionaram-se contra a monarquia. Após ampla mobilização política e intelectual, o imperador recuou de sua decisão e acatou as ordens do papa.

O descontentamento do Exército

Apesar de o Segundo Reinado ter sido um período caracterizado pela estabilidade e paz interna, entre 1864 e 1870 o país se envolveu em uma guerra muito violenta contra o Paraguai, que havia invadido territórios na região do Prata. O Brasil saiu vitorioso, mas se endividou para manter a guerra e sofreu enorme perda populacional.

Muitos dos soldados que lutaram na Guerra do Paraguai eram escravos ou recém-libertos, que passaram a contestar a escravidão com mais ênfase e divulgar **ideias abolicionistas**. Além disso, os militares eram mal remunerados e não se sentiram valorizados pelo governo. A insatisfação com a guerra levou parte do Exército e da população a defender a instalação de um governo republicano e o fim da escravidão.

Glossário

Ideias abolicionistas: ideias relacionadas à abolição da escravidão.

▶ Soldados brasileiros na Guerra do Paraguai vigiando prisioneiros paraguaios, 1866.

Os fazendeiros e a escravidão

A partir da segunda metade do século XIX, a escravidão passou a ser contestada de várias maneiras. Os abolicionistas incentivavam e ajudavam a organizar fugas de escravos, além de criticar abertamente o governo, principalmente nos jornais.

Em 13 de maio de 1888, foi assinada a **Lei Áurea**, que acabava com a escravidão no Brasil. Por meio dessa lei, cerca de 800 mil brasileiros deixaram de ser escravos e ganharam a liberdade.

Sentindo-se prejudicados, os fazendeiros queriam ser indenizados pelo imperador, pois entendiam que haviam perdido parte de suas "propriedades". Como isso não aconteceu, muitos deles deixaram de apoiar a monarquia.

Direto da fonte

▶ *A Pátria repele os escravocratas*, charge publicada na *Revista Illustrada*, c. 1880-1888. O grupo de fazendeiros escravistas carrega uma faixa em que se lê: "Abaixo a monarquia abolicionista, viva a República com indenização!". À frente deles, uma mulher que simboliza a República diz: "Não vos aproximeis de mim! Vossas mãos ainda tintas do sangue dos escravos manchariam as minhas vestes! Retirai-vos, eu não vos quero..."

1 Que personagens foram representados na charge?

2 Na charge, esses personagens estão em conflito. Com base nisso, faça o que se pede:

a) Que conflito é esse?

b) Explique o que esse conflito demonstra.

Um pouco mais sobre

A difícil tarefa de estudar a escravidão

A escravidão existiu em diferentes lugares do planeta e em momentos distintos da História. Entretanto, trabalhar a história de povos escravizados é sempre complicado. No mundo todo é assim. Isso acontece porque, no passado, foram poucas as pessoas que se preocuparam em registrar a vida e a história desses povos.

No Brasil, não foi diferente. Apesar de sabermos que aqui houve escravidão, estudar esse aspecto da nossa sociedade é bastante difícil.

Além da escassez de registros sobre o assunto, há um acontecimento que dificultou ainda mais o trabalho do historiador: em 1891, em uma celebração pelo fim da escravidão no Brasil, o então ministro da Fazenda, Rui Barbosa, mandou queimar em uma grande fogueira todos os documentos oficiais sobre a escravidão que existiam no arquivo do ministério.

O objetivo dele era impedir que os fazendeiros, utilizando esses documentos, entrassem na Justiça para reclamar indenizações pela libertação dos escravos. No entanto, a destruição dos arquivos fez com que a pesquisa histórica sobre a escravidão fosse profundamente prejudicada.

▶ João Thimótheo. *Retrato de Rui Barbosa*, c.1900. Óleo sobre tela, 73 cm × 60 cm.

1. Que outras fontes os historiadores podem usar para compreender a escravidão, se muitos documentos foram queimados?

_____

_____

_____

Atividades

1 Complete as frases usando as palavras **república** e **monarquia**.

a) A _____ é uma forma de governo em que o poder é exercido por um governante eleito pelo povo.

b) Na _____ o poder é exercido por um rei ou imperador, que recebe o cargo de forma hereditária.

c) Para os republicanos, a _____ é uma forma de governo na qual há centralização do poder.

2 Observe a imagem a seguir e faça o que se pede.

▶ Charge de Ângelo Agostini, em que se lê: "El rey, nosso senhor e amo, dorme o sono da... indiferença", publicada na *Revista Illustrada* em 5 de fevereiro de 1887.

a) Que personagem histórico foi representado na imagem?

_____

b) Essa imagem critica ou elogia o personagem representado? Justifique sua resposta.

_____

_____

c) Com base nessa charge, é possível afirmar que as pessoas podiam manifestar livremente suas opiniões políticas naquela época? Justifique sua resposta.

_____

_____

3 Caracterize a situação social no Império a partir da década de 1870 quanto:

a) ao acesso à educação e à cultura;

_____

_____

b) às condições de vida nas cidades grandes.

_____

_____

4 Assinale com um **X** as alternativas que apontam fatores que contribuíram para o fim do Período Imperial do Brasil.

☐ Fim do tráfico e escravização dos africanos e afrodescendentes.

☐ Chegada dos imigrantes europeus.

☐ Conflitos de ordem política com a Igreja Católica.

☐ Insatisfação em setores do Exército.

☐ Morte de D. Pedro II.

☐ Avanço das forças políticas ligadas ao movimento republicano.

5 O que foi o Movimento Republicano?

_____

_____

_____

6 Pode-se afirmar que não houve uma causa única para o fim da monarquia? Justifique sua resposta.

_____

_____

_____

CAPÍTULO 2 — O Brasil Republicano

A bandeira nacional

A bandeira e o hino nacionais são símbolos que representam nosso país. Eles podem ser usados em qualquer manifestação pública e particular de civismo, ou seja, que demonstre o respeito por nossa pátria.

Desde 19 de novembro de 1889, o formato da bandeira do Brasil permanece praticamente igual, tendo sofrido poucas modificações.

Você conhece nossa bandeira? No espaço abaixo, desenhe e pinte a bandeira do Brasil. O desafio é fazer essa atividade sem consultar nenhuma fonte!

1. Você sabe o que significam as cores e os símbolos da bandeira? Levante hipóteses e depois confira com o professor.

2. Em que momentos você já viu a bandeira sendo utilizada? Conte ao professor e aos colegas.

A Proclamação da República

Diante da instabilidade do governo imperial, abordada no capítulo anterior, e com o apoio de uma elite interessada em chegar ao poder, um pequeno grupo de militares liderado pelo Marechal Deodoro da Fonseca marchou rumo ao Palácio Imperial e, em um **golpe de Estado**, proclamou a República. Em 15 de novembro de 1889, a monarquia chegava ao fim e um novo sistema político era instaurado no país.

Alguns estudiosos do período alegam que faltou à Proclamação da República a participação popular, comum em movimentos de outros países. O povo brasileiro não teria expressado reações importantes ao acontecimento nem grandes manifestações de apoio, salvo pequenos incidentes.

As transformações na vida política do Brasil não foram radicais, visto que os grupos que tomaram o poder já tinham grande influência no governo monárquico.

Glossário

Golpe de Estado: ocorre quando há a apropriação do governo de um país por uma pessoa ou grupo, que destitui o governante e toma o poder. Nesse caso, os militares destituíram o monarca e assumiram o governo do Brasil.

Direto da fonte

1 Observe a reprodução da pintura de Benedito Calixto e responda ao que se pede.

▶ Benedito Calixto. *Proclamação da República*, 1893. Óleo sobre tela, 1,24 m × 2 m.

◆ Quem são os personagens históricos representados na cena? Explique como você chegou a essa conclusão.

_____

_____

O governo provisório

Depois de proclamada a república, foi instaurado um governo provisório sob o comando do Marechal Manuel Deodoro da Fonseca, que deveria governar o país por dois anos, até que fosse elaborada uma nova Constituição.

No dia seguinte à proclamação, o imperador recebeu uma carta comunicando: sua destituição do cargo; que um novo regime político – a república – havia entrado em vigor; e que a família real teria 24 horas para deixar o país. Diante da gravidade dos acontecimentos, D. Pedro II escreveu a seguinte resposta:

> À vista da representação escrita que me foi entregue hoje, às três horas da tarde, resolvo, cedendo ao império das circunstâncias, partir com toda a minha família para a Europa, amanhã, deixando esta pátria, de nós tão estremecida, à qual me esforcei por dar constantes testemunhos de entranhado amor e dedicação durante quase meio século em que desempenhei o cargo de Chefe da Nação. Ausentando-me, pois, com todas as pessoas de minha família, conservarei do Brasil a mais saudosa lembrança, fazendo os mais ardentes votos por sua grandeza e prosperidade.
>
> Rio de Janeiro, 16 de novembro de 1889.
>
> Dom Pedro d'Alcântara.

In: Laurentino Gomes. *1889*: como um imperador cansado, um marechal vaidoso e um professor injustiçado contribuíram para o fim da monarquia e a Proclamação da República no Brasil. São Paulo: Globo, 2013. E-book.

Esse foi o primeiro documento oficial em que se encontrou a assinatura "Pedro de Alcântara", em vez de "Imperador", como eram assinados os documentos antes da Proclamação da República.

▶ Autoria desconhecida. *Exílio do Imperador do Brasil, Pedro II, após sua abdicação em 1889*, século XIX. Xilogravura colorida à mão.

Glossário

Exílio: ato de mandar para fora ou expulsar a pessoa da pátria (país).

A Constituição de 1891

Em junho de 1890, o Marechal Deodoro convocou eleições para compor a Assembleia Constituinte. Assim, foi formado o Congresso e eleitos os políticos cuja missão seria escrever a nova Constituição.

Em 24 de fevereiro de 1891, após três meses de debates, a nova Constituição da República do Brasil foi **promulgada**. Deodoro da Fonseca e seus aliados conseguiram que a primeira eleição presidencial fosse indireta e, assim, o futuro governante foi indicado pelos políticos, sem a convocação de eleições. Terminada a votação, ele assumiu a Presidência da República e o Marechal Floriano Peixoto assumiu o posto de vice-presidente, dando início à chamada **Primeira República**.

Glossário

Promulgar: tornar pública uma lei ou, nesse caso, a Constituição.

▶ Gustavo Hastoy. *Ato de assinatura do projeto da primeira Constituição de 1891*, c.1891. Aquarela sobre papel, 31 cm × 46 cm.

Essa nova Constituição, a segunda do país e a primeira do Período Republicano, estabeleceu a existência dos Três Poderes (Legislativo, Executivo e Judiciário), pondo fim ao Poder Moderador – símbolo da monarquia e do modo pelo qual o imperador interferia na vida política do país – e extinguiu os privilégios da nobreza. Os títulos dos nobres foram mantidos, mas sem nenhum efeito prático.

Outro aspecto importante é que essa Constituição separou a Igreja Católica do Estado e o país deixou de ter uma religião oficial. Com isso, a educação, que era uma área de atuação da Igreja, passou a ser uma responsabilidade do Estado e foram criadas escolas públicas de ensino básico.

A República da Espada

Entre 1889 e 1894, dois militares ocuparam o cargo de presidente e, por isso, esse período da Primeira República ficou conhecido como República da Espada. Nela, três importantes conflitos ocorreram no país (veja na página 173 um mapa da divisão territorial do Brasil nesse período).

A Primeira Revolta da Armada

Em 1891, alguns membros da Marinha revoltaram-se com a permanência do Marechal Deodoro da Fonseca na presidência após a promulgação da nova Constituição, que marcava o fim do Governo Provisório. Os revoltosos prometeram bombardear a cidade do Rio de Janeiro, então capital do país, caso o presidente não renunciasse. Esse movimento ficou conhecido como Revolta da Armada.

Pressionado e sem apoio político, Deodoro renunciou à Presidência, e seu vice-presidente, o também marechal Floriano Peixoto, assumiu o governo brasileiro. De acordo com a Constituição, se o vice-presidente assumisse o poder, deveria convocar uma nova eleição no período de dois anos. Mas Floriano Peixoto não fez isso. Ele permaneceu no poder e teve de enfrentar dois movimentos armados contra seu governo: a Segunda Revolta da Armada e a Revolução Federalista.

A Segunda Revolta da Armada

Em setembro de 1893, oficiais da Marinha apontaram canhões para a cidade do Rio de Janeiro, ameaçando bombardeá-la caso o presidente não renunciasse ao cargo. Apoiado pelas forças do Exército e pelo Partido Republicano Paulista, o governo de Floriano Peixoto derrotou o movimento.

▶ Barricada de sacos de areia diante da Estação das Barcas da Praça XV, na cidade do Rio de Janeiro, durante a Revolta da Armada. Fotografia tirada por Juan Gutierrez em 1894.

A Revolução Federalista

A Revolução Federalista (1893-1895) começou no Rio Grande do Sul, quando políticos contrários ao governo de Floriano Peixoto empreenderam uma luta armada com o objetivo de destituí-lo.

Os que estavam ao lado do governo federal eram chamados de **legalistas** ou **republicanos**. Eles foram apelidados de pica-paus, porque usavam uniforme azul e quepe vermelho, que lembravam as cores dessa ave. Os que se posicionavam contra o governo eram chamados de **federalistas** e foram apelidados de **maragatos**, termo de origem espanhola usado pelos brasileiros do sul do país de forma **pejorativa**.

A Revolução Federalista atingiu também os estados de Santa Catarina e Paraná. Em Santa Catarina, os federalistas ocuparam a cidade de Desterro, que era a capital do estado, declarando-a capital do governo federalista catarinense. Os republicanos então mudaram a capital do estado para a cidade de Blumenau.

Alguns revolucionários federalistas permaneceram em Desterro como governantes de Santa Catarina e outros seguiram rumo ao Rio de Janeiro, visando chegar à sede do governo republicano brasileiro. A resistência legalista organizada no caminho deu tempo ao governo federal de preparar suas tropas e contra-atacar, derrotando os federalistas.

Tanto na Segunda Revolta da Armada como na Revolução Federalista, Floriano Peixoto usou de violência para se manter no poder.

Glossário

Pejorativo: que exprime desaprovação, depreciação.

▶ Combatentes da Revolução Federalista no interior do Rio Grande do Sul, 1893.

Durante a Revolução Federalista, os maragatos foram apoiados por países vizinhos – Argentina e Uruguai – e usaram os territórios deles para fugir e contrabandear armamentos.

Esse foi um dos conflitos mais sangrentos da história do Brasil. Nos dois anos e meio que durou, estima-se que mais de 10 mil pessoas tenham morrido.

Atividades

1. Complete o quadro com informações relacionadas à Proclamação da República.

Quem liderou o grupo de militares que proclamou a República?	
Quando foi proclamada a República?	
Em que cidade a proclamação ocorreu?	

2. Cite dois fatores que motivaram a Proclamação da República.

_____

_____

_____

3. Alguns estudiosos da História do Brasil consideram que, durante a Proclamação da República, faltou a participação popular. Elabore um pequeno texto com uma hipótese que explique a pouca participação popular nesse processo histórico.

_____

_____

_____

_____

_____

4. Como foi organizada a primeira eleição presidencial no Brasil? Explique.

_____

_____

_____

5. As imagens a seguir representam dois momentos importantes da história do Brasil: a chegada da família real portuguesa ao país e a partida dela para Portugal, décadas depois.

▶ Armando Vianna. *Chegada do príncipe Dom João à Igreja do Rosário*, 1937. Óleo sobre tela, 80 cm × 100 cm.

▶ Anônimo. *Alegoria à Proclamação da República e à partida da família imperial*, século XIX. Óleo sobre tela, 82 cm × 103 cm.

Encontre em cada uma das imagens elementos que expliquem os momentos representados e os anote a seguir.

a) Chegada da família real portuguesa ao Brasil: _____

_____

_____

b) Partida da família real brasileira para Portugal: _____

_____

_____

6. Assinale com **X** a resposta correta de cada item.

a) Grupo militar que promoveu a Revolta da Armada de 1893:

☐ Exército. ☐ Marinha. ☐ Aeronáutica.

b) Nome do levante popular que resultou na renúncia do Marechal Deodoro da Fonseca ao cargo de presidente da República:

☐ Primeira Revolta da Armada.

☐ Segunda Revolta da Armada.

☐ Revolução Federalista.

CAPÍTULO 3 — A consolidação da república (1894–1930)

Vida de operário

Na passagem do século XIX para o XX, o Brasil era um país majoritariamente rural, ou seja, a maioria da população vivia no campo. Aos poucos, o país foi se industrializando e começaram a surgir as primeiras cidades, que passaram a abrigar um número crescente de operários.

1 Como você imagina que era uma cidade no início do século XX? Desenhe no espaço a seguir.

A República Oligárquica

Ao final do governo de Floriano Peixoto, em 1894, houve a primeira eleição direta para presidente do Brasil. O vencedor foi Prudente de Morais (1894-1898), o primeiro **civil** a ocupar o cargo.

Essa eleição marcou o início da chamada **República Oligárquica**. Até 1930, políticos representantes dos dois estados mais ricos e poderosos do Brasil, ou amplamente apoiados por eles, revezaram-se no governo. Esses estados eram: São Paulo, grande produtor de café, e Minas Gerais, que se destacava na pecuária, principalmente a leiteira.

Graças a isso, esse período entrou para a história com o apelido de **Política do Café com Leite**. Durante os anos em que essa política vigorou, alguns dos outros estados, como o Rio Grande do Sul e a Paraíba, também tiveram importante participação nos rumos políticos e econômicos do país.

Glossário

Civil: cidadão que não é militar.

Oligarquia: sistema político em que o poder é exercido por um pequeno grupo de indivíduos, pertencente a uma elite intelectual ou a uma minoria com poder econômico.

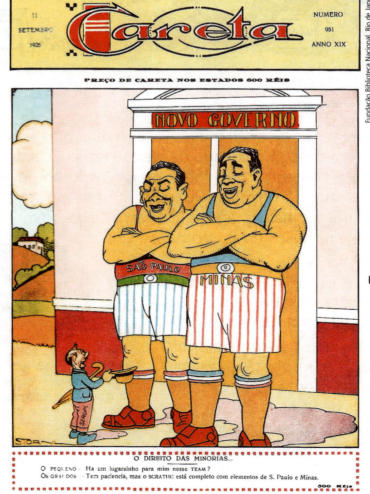

▶ Capa da revista *Careta* n. 951, de 11 de setembro de 1926. Na charge, lê-se o seguinte diálogo entre os personagens: "O direito das minorias... O pequeno – Há um lugarzinho para mim nesse TEAM [grupo]? Os grandes – Tem paciência, o SCRATCH [no sentido de equipe] está completo com elementos de São Paulo e Minas".

A influência dos coronéis

Entre os motivos que levaram grupos de políticos paulistas e mineiros a se alternar no poder durante tanto tempo estava o fato de eles influenciarem as eleições. Como o voto não era secreto, os grandes proprietários de terra, conhecidos como coronéis, controlavam o resultado das eleições em seus estados e municípios por meio do poder que exerciam sobre a população local.

Em troca de favores, que iam da doação de um par de sapatos até a garantia de emprego, os coronéis indicavam em qual candidato seus empregados e aliados deveriam votar. Essa prática ficou conhecida como voto de **cabresto**.

▶ Rafael Lucino. Charge sobre o voto de cabresto.

Para que obedecessem ao coronel, muitas vezes os eleitores eram intimidados por meio da violência. Além disso, o resultado da eleição era constantemente fraudado, ou seja, era alterada a contagem dos votos, com a inclusão de votos de pessoas mortas e de eleitores que não existiam. Ocorria até mesmo roubo de urnas para substituição das **cédulas**, e não foram poucas as situações em que o número de votos dos candidatos era maior do que o da quantidade de eleitores.

Os jornais e as revistas da época faziam várias críticas às eleições no país destacando as fraudes, a violência e o voto de cabresto.

Muitas dessas fraudes eram possíveis porque a Justiça Eleitoral, responsável por validar uma eleição e verificar se tudo foi feito corretamente, só foi criada em 1932. Assim, nos primeiros anos da República no Brasil, a verificação das eleições era feita pelas **casas legislativas**, formadas, normalmente, pelos próprios coronéis.

Glossário

Cabresto: peça de couro ou de outro material usada na cabeça de animais de montaria ou de carga, como o cavalo. Ela faz com que o animal enxergue apenas uma estreita faixa à frente. Desse modo, cabe ao condutor virar a cabeça do animal para o lado que desejar, conduzindo a montaria ou prendendo o animal onde julgar conveniente, pois, assim, ele não oferece resistência.

Cédula: papel com o nome do candidato que a pessoa quer eleger; é depositado em uma urna, como voto.

Atividades econômicas

Durante a República Oligárquica, o Brasil continuou a ser um país exportador de produtos agrícolas, e o café permaneceu como o principal produto de exportação. Isso ajuda a explicar o protagonismo da elite cafeeira no poder político nacional.

As plantações de café estavam espalhadas pelo Vale do Paraíba (região que abrange parte do Rio de Janeiro e parte de São Paulo) e pelos estados de Minas Gerais, Espírito Santo, Paraná, Santa Catarina e Rio Grande do Sul. Mas foi em São Paulo que as lavouras cafeeiras mais prosperaram. O dinheiro ganho com a exportação do café era investido em melhorias na infraestrutura, como a construção de ferrovias e portos, além do desenvolvimento de indústrias.

Entretanto, outras atividades, como a pecuária, a plantação de cana-de-açúcar, o cultivo do cacau e a extração do látex (borracha), também se destacaram no período, como se pode observar no mapa a seguir.

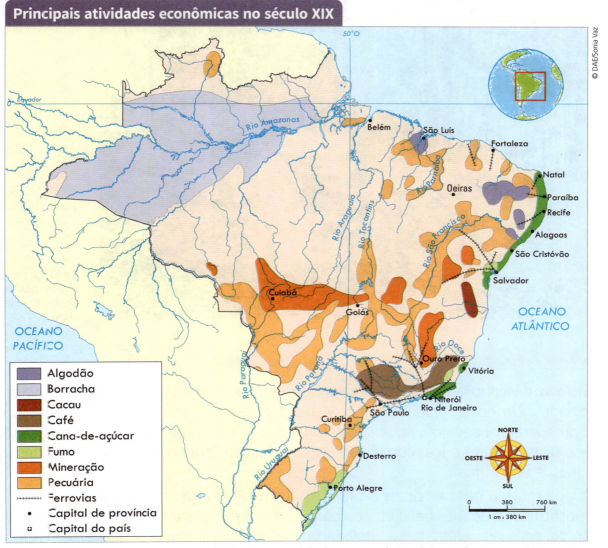

Fonte: Claudio Vicentino. *Atlas histórico: geral e Brasil*. São Paulo: Scipione, 2011. p. 129.

A extração do látex

No final do século XIX, o látex conquistou o segundo lugar nas exportações brasileiras. Esse material era vendido para países como a Inglaterra e os Estados Unidos, onde era utilizado em indústrias de pneus, elásticos e solas de sapatos.

Os donos dos **seringais** enriqueceram com a exploração do látex e do trabalho de milhares de **seringueiros**. Já a vida desses trabalhadores era muito difícil. Além de terem uma longa jornada diária, eles recebiam pouco por seu trabalho e era comum endividarem-se com os donos dos seringais. Isso ocorria porque os proprietários lhes vendiam alimentos, produtos de higiene e outros artigos básicos a um preço muito elevado. Ademais, o trabalho nas florestas era perigoso e inúmeros seringueiros contraíam doenças.

Glossário

Seringal: mata ou lugar em que há muitas seringueiras, um tipo de árvore.

Seringueiro: trabalhador responsável pela extração do látex das seringueiras.

▶ População fazendo extração de látex no início do século XX.

O desenvolvimento das cidades

Com o desenvolvimento econômico do período, veio também a modernização das cidades. No norte, cidades como Manaus, no estado do Amazonas, e Belém, no Pará, prosperaram devido à riqueza proporcionada pela borracha. No sudeste, grandes centros urbanos da época, como São Paulo e Rio de Janeiro, receberam luz elétrica, telefones e telégrafos.

A vida mudou nas principais cidades do Brasil. O antigo bonde puxado por burros foi substituído pelo bonde elétrico, com capacidade para transportar um número maior de pessoas. Além disso, novidades tecnológicas como fonógrafos, carros e máquinas de escrever chegaram ao país, trazendo ares de modernidade.

A população imigrante

Durante a República Oligárquica, a imigração para o Brasil continuou intensa. Muitos imigrantes, sobretudo de origem europeia, chegavam para trabalhar nas lavouras. Outros se fixavam nas cidades e trabalhavam como operários, alfaiates, sapateiros, carpinteiros, ferreiros ou em outras ocupações. Havia também aqueles que migravam da área rural para a urbana em busca de melhores condições de vida.

Mais tarde, os imigrantes e seus filhos, em sua maior parte, foram trabalhar nas fábricas que se espalhavam por São Paulo, Rio de Janeiro e Porto Alegre. Muitos tinham experiência como operários na Europa, onde a industrialização estava em um estágio mais avançado. Naquela época, já havia vários tipos de indústrias no Brasil: vidraçarias, tecelagens, metalúrgicas, gráficas, têxteis e alimentícias, entre outras.

Com o aumento populacional, o preço das habitações também subiu e, como não havia acomodação para tantas pessoas, diversos trabalhadores passaram a morar em habitações coletivas, instaladas nos antigos casarões de famílias ricas. Essas habitações eram chamadas de cortiços.

Os imigrantes que chegaram ao Brasil com condições financeiras melhores, por sua vez, abriram pequenos negócios nas cidades.

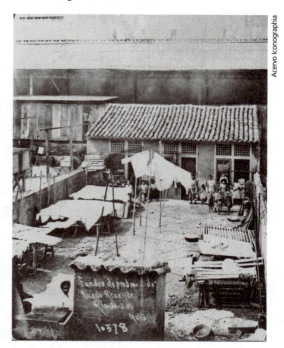

▶ Cortiço na Rua do Resende. Rio de Janeiro, Rio de Janeiro, 1906.

▶ Família Boff mostra sua produção de uva. Caxias do Sul, Rio Grande do Sul, 1904.

Os conflitos sociais

Apesar da mudança na forma de governo, a condição de pobreza em que vivia a maior parte da população brasileira permaneceu a mesma. A insatisfação das pessoas com a falta de melhorias contribuiu para o surgimento de movimentos que contestavam a ordem vigente tanto no campo quanto na cidade.

Conflitos no campo

- **Contestado (1912-1916):** o motivo principal desse conflito foi a cessão de terras à empresa Brazil Railway Company, que construía uma estrada de ferro que ligaria São Paulo ao Rio Grande do Sul. Parte das terras concedidas pelo governo, entre Paraná e Santa Catarina, no entanto, era habitada havia muito tempo, e seus moradores foram expulsos do local. Esses moradores se organizaram e lutaram contra as forças do governo federal em vários combates até o último **reduto** rebelde ser destruído. Em 1916 terminou o confronto, que ficou conhecido como Guerra do Contestado.

- **Guerra de Canudos (1896-1897):** o líder religioso Antônio Conselheiro, acompanhado de um grupo de sertanejos pobres, formou um pequeno povoado na região de Canudos, no interior da Bahia. Eles se opunham à opressão dos coronéis sobre os sertanejos. Aos poucos, o povoado passou a agregar simpatizantes de várias regiões, chegando a reunir 30 mil pessoas. O governo, pressionado pelos coronéis, considerou o povoado de Canudos uma afronta à República e enviou expedições militares para contê-lo. Os sertanejos resistiram a muitos ataques até o povoado ser totalmente destruído.

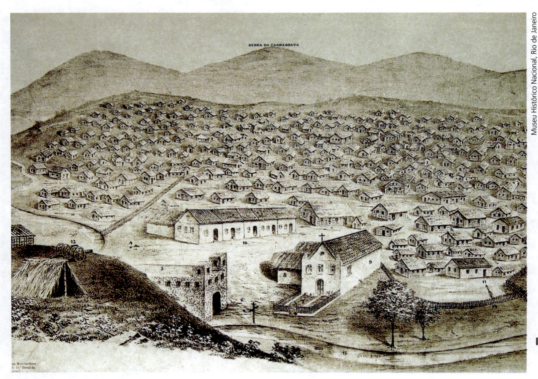

▶ D. Urpia. Vista de Canudos, 1897. Litogravura.

Conflitos urbanos

- **Revolta da Vacina (1904):** no Rio de Janeiro, os problemas de infraestrutura se agravaram com o aumento de cortiços e, como consequência, as doenças também se espalharam mais rapidamente. Por iniciativa do médico Oswaldo Cruz, foi aprovada uma lei que tornava obrigatória a vacinação contra a varíola.

Assim, grupos encarregados de promover a vacinação entravam nas casas, acompanhados de policiais, e vacinavam os moradores à força.

Em novembro de 1904, a população se rebelou contra a medida: bondes foram queimados, lojas saqueadas e postes de iluminação depredados. O governo enviou tropas às ruas para conter a revolta. Várias pessoas foram presas e a vacinação foi mantida.

▶ Bonde virado na esquina da Praça da República com a Rua da Alfândega, durante Revolta da Vacina, no Rio de Janeiro. Fotografia de autoria desconhecida, 27 de novembro de 1904.

- **Revolta da Chibata (1910):** conflito que ocorreu no Rio de Janeiro e envolveu marinheiros descontentes com o valor dos soldos, a má alimentação e os castigos físicos na Marinha.

A rebelião se deu no dia 22 de novembro de 1910, quando Marcelino Rodrigues levou 250 chibatadas, chegando a desmaiar. Vários navios foram tomados pelos marinheiros rebeldes, que ameaçam bombardear a cidade caso suas exigências não fossem atendidas. Após quatro dias de revolta, o presidente Hermes da Fonseca decretou o fim dos castigos físicos. Apesar disso, assim que os rebeldes se entregaram, seus líderes foram presos.

- **Greve Geral de 1917:** em São Paulo, que concentrava a maioria das grandes fábricas, cerca de 40 mil operários aderiram ao movimento grevista de 1917, que se alastrou por outras cidades. Eles lutavam por aumento salarial, jornadas diárias de trabalho de oito horas, pagamento de horas extras e descanso remunerado, além da proibição do trabalho infantil e o fim do trabalho noturno para mulheres e menores de 18 anos. A greve foi reprimida de forma violenta pela polícia.

Glossário

Chibata: vara de couro fina e comprida usada para golpear cavalos.

Reduto: fortaleza ou construção fortificada com o objetivo de prolongar a resistência do local.

Soldo: remuneração, salário.

Atividades

1 No que se refere às eleições que ocorreram durante a República Oligárquica, assinale **V** nas afirmativas verdadeiras e **F** nas falsas.

☐ Os eleitores eram completamente livres para escolher seus candidatos.

☐ Os resultados podiam ser fraudados.

☐ O voto era sigiloso.

☐ Toda a população participava da escolha dos candidatos.

☐ As urnas podiam ser roubadas para alterar o resultado da eleição.

2 Observe a charge a seguir e depois responda às questões.

▶ *A fórmula democrática*, charge de Alfredo Storni sobre a Política do Café com Leite publicada na revista *Careta*, n. 897, em 29 de agosto de 1925.

a) Quem são os personagens representados?
_____
_____
_____

b) O que os personagens estão fazendo?
_____
_____
_____
_____
_____

c) Por que há somente dois homens ao lado da cadeira?
_____
_____

3 Escreva **V** nas afirmativas verdadeiras e **F** nas falsas.

☐ Todos os imigrantes que vieram para o Brasil e foram morar nas cidades encontraram condições adequadas de moradia.

☐ O período pós-Proclamação da República foi marcado por uma grande imigração em direção às lavouras e às cidades.

☐ Muitos imigrantes foram trabalhar nas indústrias.

☐ Os imigrantes vinham exclusivamente para trabalhar na extração de borracha que acontecia no sul do país.

4 Observe a fotografia, leia a legenda e depois responda às questões no caderno.

a) Que modernização foi registrada na fotografia?
b) Qual cidade brasileira foi retratada?
c) Como parte da população parece reagir ao que acontece?

▶ Colocação de trilhos de bonde no centro da cidade de São Paulo, São Paulo. Fotografia de Guilherme Gaensly, 1902.

5 Observe a charge a seguir e, no caderno, faça o que se pede.

▶ Charge de Storni, publicada na revista *Careta* em 19 de fevereiro de 1927.

a) Descreva a cena da charge.
b) Que prática eleitoral da República Oligárquica foi representada na imagem?
c) Explique o que foi essa política.
d) Por que o eleitor foi representado com uma cabeça de burro?

CAPÍTULO 4 — A Era Vargas

A Era do Rádio

No início do século XX, uma das tecnologias que mais se difundiram foi o rádio. Além de levar diversão às pessoas, ele era usado como veículo de transmissão de informações.

Que tal você e sua turma criarem um programa de rádio para divulgar as informações da escola?

1. Vocês acham que essa foi uma forma eficiente de comunicação entre os alunos?

2. Quais outros canais são utilizados ainda hoje para que as pessoas possam se comunicar?

A Crise de 1929 e a mudança política no Brasil

No ano de 1929, uma crise econômica, iniciada nos Estados Unidos, atingiu o mundo inteiro, incluindo o Brasil. Essa crise afetou principalmente os empresários e os cafeicultores, pois os países que compravam o café e outros produtos brasileiros ficaram sem dinheiro, o que causou a queda na exportação desses itens.

Naquela época havia uma extensão muito grande de terra destinada ao plantio do café no Brasil, que empregava um grande número de trabalhadores e mobilizava relevante infraestrutura de transporte. Por essa razão, quando houve a queda brusca nas vendas, houve também muito desemprego no Brasil, o que fez aumentar o descontentamento contra o presidente Washington Luís.

Com a queda nas exportações do café, o governo federal e o paulista decidiram comprar parte da produção cafeeira para, entre outros motivos, evitar que os cafeicultores fossem à falência. Sem um uso programado para esse café, o governo o queimou.

Era período eleitoral, e nesse clima de insatisfação ocorreram as eleições presidenciais de 1930. De acordo com a Política do Café com Leite, era a vez de um mineiro subir ao poder. Todavia, o presidente Washington Luís, que representava os paulistas, lançou a candidatura de outro paulista, Júlio Prestes. Por isso, os políticos mineiros romperam com os paulistas e se aliaram a políticos da Paraíba e do Rio Grande do Sul.

▶ Queima de café em Santos, São Paulo. Fotografia de autoria desconhecida, 1931.

O Golpe de 1930

A eleição presidencial foi marcada por fraudes e violência. O candidato paulista Júlio Prestes saiu vitorioso, porém os demais candidatos não se conformaram com a derrota. Para piorar a situação, o paraibano João Pessoa, candidato a vice-presidente na **chapa** derrotada do gaúcho Getúlio Vargas, foi assassinado. Embora não tenha sido um crime político, o acontecimento causou revolta em muitas pessoas, sobretudo nos políticos ligados a Vargas.

O fato foi usado como motivo principal para o início de um movimento que depôs o presidente Washington Luís, ou seja, tirou-o do poder. Assim, por meio de um golpe de Estado, Getúlio Vargas assumiu a Presidência do Brasil.

O Governo Provisório (1930-1934)

Após o golpe de Estado, foi organizado um governo provisório, sob a liderança de Getúlio Vargas, cujo objetivo era reorganizar a vida política do país. Assim, Vargas dissolveu todos os órgãos do Poder Legislativo (Congresso Nacional, Assembleias Legislativas e Câmaras Municipais), suspendeu a Constituição em vigor e **exonerou** os governadores dos estados, nomeando **interventores** para assumir suas funções.

Ele ainda criou dois novos ministérios: o Ministério do Trabalho e Educação e o Ministério da Indústria e Comércio. Em fevereiro de 1932, entrou em vigor um código eleitoral com mudanças como o voto secreto, o voto feminino e a criação da Justiça Eleitoral. Entretanto, não houve eleições para presidente no período.

Glossário

Chapa: lista oficial de candidatos à eleição de um partido.

Exonerar: retirar do cargo, dispensar.

Interventor: nesse caso, pessoa designada pelo presidente da República para assumir provisoriamente o governo de um estado.

▶ Senhora vota para cargos na Assembleia Nacional Constituinte em seção da Rua das Laranjeiras, cidade do Rio de Janeiro, em 3 de maio de 1933.

A Revolução Constitucionalista

Nesse contexto, havia grande descontentamento da população com relação ao governo federal, principalmente em São Paulo, onde fora nomeado um interventor pernambucano. Isso significava que as elites paulistas haviam perdido o protagonismo na política nacional e viam seu poder regional restrito pelas medidas de Vargas.

De São Paulo provinha a exigência de que o governo criasse uma nova Constituição para o país – o que Getúlio Vargas adiava há tempo –, além de que promovesse as eleições para presidente da República. Simultaneamente fortaleceram-se, também em São Paulo, os chamados tenentistas, grupos constituídos por civis e militares que apoiavam Vargas.

Membros dos dois grupos enfrentavam-se constantemente em brigas de rua, até que um desses embates resultou na morte dos estudantes Martins, Miragaia, Dráusio e Camargo. Os quatro ficaram conhecidos pela sigla formada pelas iniciais de seus nomes: MMDC. Essas mortes foram o estopim da Revolução Constitucionalista, que começou em 9 de julho de 1932.

Com a ajuda dos meios de comunicação, o movimento constitucionalista ganhou apoio popular, mobilizando aproximadamente 35 mil homens pelo lado dos paulistas contra 100 mil soldados do governo Vargas. O conflito durou quase três meses e causou a morte de inúmeras pessoas.

Além dos paulistas, mineiros se uniram aos constitucionalistas e, no estado do Mato Grosso, foi criado o estado de Maracaju, que apoiou os revoltosos durante seus quatro meses de existência – entre julho e outubro de 1932.

Apesar de haver sido dissolvido com o fim da Revolução Constitucionalista, o estado de Maracaju reclamava o mesmo território que, mais tarde, deu origem ao estado do Mato Grosso do Sul.

Ao final, os paulistas foram derrotados no campo de batalha, mas tiveram vitória importante no campo da política. Vargas convocou, no ano seguinte, eleições para a Assembleia Constituinte, que seria responsável pela elaboração da nova Constituição.

▶ Cartaz de propaganda de alistamento da Revolução Constitucionalista, 1932.

A Constituição de 1934

A nova Constituição entrou em vigor em 1934. Nela foram asseguradas as conquistas já obtidas no Código Eleitoral de 1932, além de alguns direitos sociais, como Ensino Primário gratuito (o que corresponde hoje ao Ensino Fundamental I – do 1º ao 5º ano) e direitos trabalhistas (salário mínimo, jornada de trabalho de oito horas, férias anuais remuneradas, entre outros).

De acordo com a Constituição, a eleição presidencial seguinte seria realizada de forma indireta, ou seja, o presidente seria escolhido pelos membros da Assembleia Nacional Constituinte, e não pelo voto popular. Ela estabelecia também que, depois dessa eleição, as seguintes ocorreriam por meio do voto direto, ou seja, os cidadãos brasileiros escolheriam seus governantes diretamente nas urnas.

Nas eleições indiretas de 1934, Getúlio Vargas saiu vitorioso, permanecendo no governo. Assim, passou a ocupar a Presidência de maneira constitucional, ou seja, de acordo com a lei maior do país.

A oposição ao governo Vargas

Durante o governo constitucional de Vargas, fortaleceram-se alguns grupos políticos de oposição, entre eles, os integralistas e os aliancistas.

Os integralistas, sob a liderança de Plínio Salgado, desejavam instalar no Brasil um governo autoritário, com partido político único, uso da violência e censura aos meios de comunicação. Para realizar esse projeto, fundaram, em 1932, a **Ação Integralista Brasileira** (AIB).

▶ Cartaz da Ação Integralista Brasileira (AIB) para recrutamento de novos adeptos, 1937. Em pouco tempo, o grupo ganhou muitos filiados e fez forte oposição ao governo.

Em 1935, surgiu a **Aliança Nacional Libertadora** (ANL), liderada por Luís Carlos Prestes. Na defesa de um governo popular, esse grupo divulgou um manifesto que pedia a derrubada de Vargas do poder e a instalação do comunismo no Brasil. Diante disso, Vargas reagiu mandando fechar a sede da ANL. Essa atitude provocou a reação dos aliancistas, que iniciaram rebeliões no Recife, no Rio de Janeiro e em Natal. Contudo, o governo Vargas agiu rapidamente, prendendo os integrantes e apoiadores desses movimentos.

O Plano Cohen

Alegando que o país estava ameaçado pelos comunistas, Vargas usou as revoltas de 1935 como recurso para permanecer no poder. Para isso, preparou um novo **golpe de Estado**.

Conforme previa a Constituição de 1934, em 1938 deveria haver eleições diretas para presidente. Contudo, em 1937, os principais aliados de Vargas, os generais Góis Monteiro e Eurico Gaspar Dutra, afirmaram ter descoberto um plano no qual os opositores do governo promoveriam incêndios de prédios públicos, saques, atentados a autoridades e uma greve geral. Era o chamado **Plano Cohen**, que foi divulgado em jornais e transmitido no rádio. Diante dessa ameaça, a população entrou em pânico.

O plano, na verdade, nunca existiu. Era apenas uma fraude para persuadir as pessoas de que o Brasil estava sendo ameaçado pelos comunistas e, por isso, o presidente precisava tomar medidas para evitar essa situação.

▶ Na primeira página do jornal *A Manhã*, de 1935, vê-se a notícia do fechamento da ANL por Vargas. A ação foi interpretada como uma medida autoritária do presidente.

O Estado Novo

No dia 10 de novembro de 1937, Getúlio Vargas fechou o Congresso Nacional, mandou prender seus adversários políticos e anunciou uma nova Constituição, iniciando, com um golpe de Estado, o período chamado de **Estado Novo**.

A nova Constituição extinguiu os partidos políticos, acabou com a liberdade de imprensa, decretou o fim da autonomia dos estados e possibilitou que o presidente governasse com leis impostas, os chamados decretos-lei.

As eleições também foram suspensas e qualquer tipo de manifestação contrária ao governo foi proibida. Sob a alegação de desobediência ou ação contra o governo, poderiam ocorrer prisões e invasões a residências, além de tortura, assassinatos e exílio.

O Estado Novo durou até 1945, quando, após muitas pressões, Getúlio Vargas renunciou, pondo fim ao regime **ditatorial** de seu governo.

Economia, sociedade e cultura

Durante o período em que Vargas se manteve no poder, houve grande desenvolvimento econômico. Foram criadas algumas **empresas estatais** importantes, como a Companhia Siderúrgica Nacional (CSN), a Companhia Vale do Rio Doce (de mineração) e a Companhia Hidrelétrica do São Francisco (de energia). Além disso, buscando garantir o apoio da população, o governo de Vargas foi marcado por alguns avanços na área social.

▶ Construção da usina de Volta Redonda da Companhia Siderúrgica Nacional (CSN), em Volta Redonda, Rio de Janeiro, 1941.

Glossário

Ditatorial: diz-se do governo que é exercido de acordo com a vontade de quem está no poder, sem considerar as opiniões e necessidades das demais parcelas da população.

Empresa estatal: empresa controlada pelo poder público.

O grande destaque da administração Vargas foi a criação das leis trabalhistas de 1943, reunidas na Consolidação das Leis do Trabalho (CLT), que continuam em vigor. Os direitos garantidos por esse conjunto de leis já haviam sido obtidos por meio das lutas operárias desde o início do século XX, mas a propaganda do governo dizia que eram um "presente" de Vargas para os trabalhadores.

O DIP

Para garantir que a imprensa não divulgasse ideias contrárias ao governo, foi criado o Departamento de Imprensa e Propaganda (DIP). Esse órgão se encarregava de censurar jornais, revistas, rádios, cinema, teatro, literatura e qualquer outra manifestação cultural.

O DIP também produzia textos, documentários, cartazes, cartilhas escolares e outros materiais de propaganda, que mostravam o presidente sempre auxiliando a população brasileira. Era assim que Vargas construía uma imagem bastante carismática, sendo chamado popularmente de "Pai dos Pobres".

▶ Cartaz produzido pelo DIP durante o Estado Novo para a comemoração do 1º de Maio, Dia do Trabalho. Os movimentos operários consideravam a data como um momento de luta e reivindicação por melhores condições; no entanto, a propaganda do governo de Getúlio Vargas a converteu em celebração e exaltação da figura do presidente.

Sociedade da informação

Recursos tecnológicos, como computadores, internet e *smartphones*, facilitaram bastante a troca de informações. Se temos uma dúvida, pesquisamos rapidamente na internet e encontramos inúmeras páginas com informações variadas. Mas você sabe como descobrir se a informação daquela página é confiável?

Vamos fazer uma pesquisa de maneira um pouco diferente? Utilize na internet as ferramentas de busca disponíveis para encontrar páginas que contenham informações sobre o surgimento da CLT e anote as respostas das seguintes perguntas.

- Quantos *sites* você encontrou com essas informações?
- Em todos eles constam as mesmas informações?
- Quais informações são idênticas e quais são diferentes?
- Qual dos *sites* você acredita que é o mais confiável? Por quê?

Os registros devem ser trazidos para a sala de aula. O professor fará uma roda de conversa para debater o assunto.

Atividades

1 Numere os itens a seguir, de 1 a 4, pondo em ordem cronológica os acontecimentos que resultaram na posse de Getúlio Vargas como presidente do Brasil.

☐ João Pessoa, candidato à vice-presidência na chapa de Vargas, foi assassinado na Paraíba.

☐ A crise mundial de 1929 trouxe grande perda financeira para os cafeicultores e empresários, gerando desemprego.

☐ Júlio Prestes, candidato paulista, foi eleito presidente.

☐ Por meio de um golpe de Estado, Getúlio Vargas assumiu a Presidência em 1930.

2 Sobre o Governo Provisório, responda às questões a seguir.

a) Quando foi instaurado e com que objetivo?

_____

b) Quanto tempo durou?

_____

c) Quem governou o país nesse período?

_____

3 Com relação à Revolução Constitucionalista de 1932, assinale **V** nas afirmativas verdadeiras e **F** nas falsas.

☐ Iniciou-se com a articulação das elites paulistas e contou com o apoio da população.

☐ O acontecimento recebeu esse nome porque foi desencadeado pela abolição da Constituição de São Paulo.

☐ Sua principal reivindicação era uma nova Constituição para o Brasil e a eleição para presidente.

☐ Terminou com a rendição dos paulistas, mas com a possibilidade de mudanças.

☐ Devido às ações contra o governo de Vargas, não recebeu apoio popular, terminando com a vitória dos paulistas.

4 Assinale as alternativas corretas.

☐ A partir de 1932, as mulheres passaram a ter o direito de votar.

☐ O código eleitoral de 1932 instituiu o voto aberto.

☐ Em 1934, entrou em vigor a nova Constituição do Brasil.

☐ A Constituição de 1934 assegurava alguns direitos trabalhistas, como jornada de trabalho de oito horas diárias e salário mínimo.

☐ Pela Constituição de 1934, as próximas eleições seriam indiretas e depois se iniciariam as eleições diretas para presidente.

5 Apesar de derrotados na Revolução Constitucionalista, os paulistas conseguiram o que queriam? Explique.

6 Complete o quadro com as informações corretas.

	ANO DA FUNDAÇÃO	NOME DO LÍDER	PROPOSTAS
Ação Integralista Brasileira			
Aliança Nacional Libertadora			

7 Pinte de **verde** o quadradinho quando a afirmativa for correta e de **azul** quando for incorreta.

☐ Getúlio Vargas pretendia deixar que ocorresse a eleição de 1938.

☐ Getúlio Vargas permaneceu no poder a partir de 1937 por meio de eleições diretas.

☐ De acordo com os aliados de Vargas, o Plano Cohen era uma ameaça comunista.

☐ O período do governo de Vargas após 1937 ficou conhecido como Estado Novo.

8 Explique no caderno o que foi o Estado Novo.

9 No caderno, explique a função do DIP no Estado Novo.

Hora da leitura

Os direitos das crianças

Ao longo das primeiras décadas da república no Brasil, constituições foram criadas e direitos foram sendo conquistados por diferentes setores da população. Nesse período houve importantes avanços na construção da cidadania em nosso país.

Como cidadãs que são, as crianças também adquiriram direitos no Brasil Republicano, os quais estão registrados na Declaração Universal dos Direitos da Criança, no Estatuto da Criança e do Adolescente (ECA) e em diversos livros, poemas e revistas. Entretanto, nem sempre esses direitos são respeitados.

Leia a seguir um trecho do "Diário de uma trabalhadora infantil" e depois responda às perguntas.

> **Domingo**
> Acordei cedo hoje, ainda tava escuro.
> É domingo, dia de descanso... só que não!
> Quer saber como foi meu dia? Marque as alternativas:
> 1) Fazer compras no supermercado
> 2) Fazer o ~~almosso~~ almoço
> 3) Brincar de boneca
> 4) Passar roupa
> 5) Todas as alternativas
> Se você marcou todas as alternativas errou.
> Eu não brinquei de boneca.

Meu Diário – Diário de uma trabalhadora infantil. *Plenarinho – O jeito criança de ser cidadão.* Disponível em: <https://plenarinho.leg.br/index.php/2018/06/diario-de-uma-trabalhadora-infantil/>. Acesso em: 22 abr. 2019.

1 O direito de brincar é um dos direitos garantidos às crianças pelo ECA. De acordo com o texto, a menina pôde desfrutar desse direito? Explique.

2 Como deveria ser um domingo em que os direitos dessa criança fossem respeitados? Reescreva o texto mudando a história para que isso ocorra.

3 Agora, escreva um pequeno texto sobre a importância de respeitar e garantir os direitos das crianças usando a palavra **cidadão** ou **cidadania**. Se necessário, consulte o significado dessas palavras no dicionário.

HISTÓRIA em ação

A restauração dos monumentos de nossa história

Os patrimônios de um país são todos os bens, lugares, festas e manifestações culturais importantes para contar sua história. Muitas vezes esses patrimônios são símbolos criados para disseminar determinado ideal, como os símbolos nacionais, instituídos após a Proclamação da República para dar a identidade do Brasil Republicano.

Outras vezes esses patrimônios são monumentos que fazem parte de nossa história, assim chamados de **marcos de memória**, pois nos contam histórias da comunidade, da cidade e do país.

Esses marcos ficam expostos à ação do tempo, sendo afetado pelo sol e pela chuva, motivo pelo qual, de tempos em tempos, precisam ser restaurados.

E é nesse ponto que o trabalho do historiador começa.

Uma obra restaurada precisa manter as mesmas características da original.

Os materiais precisam ser iguais aos anteriores; as cores, os tamanhos e até as técnicas usadas na restauração devem ser as mesmas que foram utilizadas para a produção do monumento original.

Quando o historiador e o restaurador encontram documentos do projeto original, o trabalho fica mais simples, mas nem sempre isso acontece.

Historiadores buscam informações sobre os materiais que foram utilizados na produção do monumento e como esse material era feito na época.

Com base nisso, eles tentam reproduzir as técnicas para chegar ao resultado mais próximo do original.

Esses restauros não são só um processo de preservação mas também de produção de conhecimento histórico.

▶ Estátua de General Osório, na Praça XV, após restauração. Rio de Janeiro, Rio de Janeiro.

Como eu vejo

As notícias sobre meu país

As notícias sobre o meu país

Os meios de comunicação mudaram muito desde que Getúlio Vargas criou o DIP, e atualmente as notícias sobre o que acontece no mundo podem chegar a cada canto do país por diferentes meios. Como você se informa sobre as coisas que acontecem no Brasil e no mundo? Segundo uma pesquisa recente, os meios mais comuns são a TV, a internet, o rádio, o jornal e a revista.

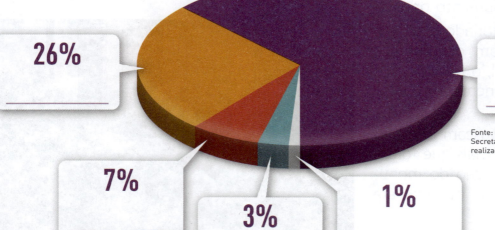

26%

63%

7%

3%

1%

Fonte: Pesquisa encomendada pela Secretaria de Comunicação do governo, realizada pelo Ibope e publicada pelo G1.

Ao longo do século XX, foi um dos mais eficientes meios de comunicação e informação no Brasil. Além de levar diversão para a população nos locais mais distantes, os programas diários deste meio ainda são responsáveis por informar muitas pessoas, em especial aquelas que estão dirigindo no trajeto de casa para o trabalho. Existem até emissoras especializadas em transmitir apenas notícias cotidianas, tanto locais quanto nacionais ou internacionais. Atualmente é o terceiro meio de comunicação mais utilizado para informação pelo brasileiro.

_____

Devido a sua popularização no século XX, passou a ser a maior fonte de informação sobre os acontecimentos cotidianos. Diferentes emissoras mantêm em sua programação diária edições que levam notícias locais e nacionais para o público. Algumas dessas emissoras criaram canais especializados na transmissão de notícias. Além disso, o Senado Federal, o Congresso Nacional e as Assembleias Estaduais mantêm seus próprios canais, que são ótima fonte de informação sobre os acontecimentos políticos locais e nacionais.

_____

Apesar de ser o segundo mais popular no Brasil, esse meio de informação vem ganhando a cada dia mais usuários. Grandes jornais diários mantêm portais de notícia, uma forma rápida de informar a população sobre acontecimentos cotidianos. Existem também portais mantidos por prefeituras, governos estaduais e até um portal de uma agência de notícias mantida pelo governo federal. Nesse meio, redes sociais ganharam espaço e se tornaram uma fonte de informação.

_____

É um dos meios de informação mais tradicionais, existindo no Brasil desde o século XIX. Originalmente, nas grandes cidades, era vendido em diferentes edições em um mesmo dia, como uma forma de levar sempre notícias recentes para os leitores. Com o passar do tempo foi perdendo espaço para os outros meios de comunicação, sendo atualmente o quarto meio mais utilizado pelos brasileiros para se informar.

_____

No passado, competia com os jornais diários como fonte de informação. Com uma periodicidade menor, muitas vezes semanal, trazia uma análise mais completa dos acontecimentos. Atualmente é lida por um entre cada cem brasileiros como forma de informação.

_____

1. Utilizando as informações apresentadas, identifique nos espaços reservados do gráfico e dos textos os meios de comunicação descritos.

2. Como você se informa sobre os acontecimentos cotidianos no lugar em que vive?

Como eu transformo

Analisando a informação

O que vamos fazer?
Um cartaz sobre formas confiáveis de transmitir informações.

Para que fazer?
Evitar a divulgação de notícias falsas.

Com quem fazer?
Com os colegas e o professor.

Como fazer?

1. Reúna-se com três colegas e, juntos, definam um assunto que seja de interesse da comunidade. Façam uma lista com os assuntos escolhidos por todos os grupos para que não haja repetições.

2. Cada membro do grupo ficará responsável por pesquisar o assunto escolhido em um meio de comunicação. Durante a pesquisa, responda: Qual é a origem dessa informação? É possível verificar se ela é verdadeira? As informações vindas desse meio costumam ser confiáveis?

3. Selecionem as informações que comporão o cartaz. Não se esqueçam de inserir uma lista com a origem de todas as informações.

4. Em uma parte do cartaz, indiquem as informações que vocês não conseguiram confirmar se eram reais e as notícias falsas.

5. Para finalizar, com a turma, reúnam exemplos comuns a todos os grupos cuja origem não foi encontrada.

6. Ainda com a turma, elaborem um novo cartaz que indique as estratégias a serem tomadas para evitar que as pessoas acreditem em notícias falsas e colem-no no corredor da escola.

As informações sobre o assunto eram iguais em todos os meios pesquisados? Por quê?

Revendo o que aprendi

1 Durante o Período Imperial, o Brasil era um país agrário e escravista. Pinte as frases corretas em relação a essa forma de organização política e social.

☐ A mão de obra utilizada era de escravos.

☐ Todos os trabalhadores eram livres e muito bem remunerados.

☐ A produção industrial era variada e em grande escala.

☐ A base econômica do país era a agricultura.

2 A monarquia brasileira, na figura de Dom Pedro II, era apoiada por três grupos. Quais eram eles?

_____

_____

3 Observe a fotografia a seguir e responda às questões.

▶ Multidão diante do Paço Imperial comemora a aprovação e a assinatura da Lei Áurea, em 1888, no Rio de Janeiro. Fotografia de Antônio Luiz Ferreira.

a) O que a grande multidão fazia em frente ao Paço Imperial?

_____

b) Em sua opinião, qual é a importância do momento histórico representado na fotografia? Como você chegou a essa conclusão?

_____

_____

4 Por que o fim da escravidão foi um dos motivos que contribuíram para a queda da monarquia?

_____

_____

_____

_____

5 Localize no quadro as palavras que completam as frases corretamente.

- fazendeiros
- Rio de Janeiro
- novembro
- Exército republicano
- voto provisório
- monárquico
- Marechal Deodoro da Fonseca

a) Em um governo _____, quem governa é o rei ou imperador.

b) Em um governo _____, quem governa é o presidente, geralmente escolhido pelo povo, por meio do _____.

c) A Proclamação da República no Brasil foi comandada pelo _____, com o apoio dos _____.

d) Com a instalação da república no Brasil, foi criado um governo _____, cujo primeiro presidente foi o _____.

e) A Proclamação da República ocorreu no dia 15 de _____ de 1889, na cidade do _____.

6 Relacione corretamente a segunda coluna com a primeira.

a) Guerra do Paraguai

b) República da Espada

c) Primeira Revolta da Armada

d) Segunda Revolta da Armada

e) Revolução Federalista

☐ Nome dado ao período de atuação dos dois primeiros presidentes brasileiros, que eram militares.

☐ Conflito armado que contou com a participação de escravos e libertos no Exército brasileiro.

☐ Revolta do Exército que exigia a renúncia do presidente Floriano Peixoto.

☐ Conflito promovido por oficiais da Marinha contra o governo de Floriano Peixoto.

☐ Revolta de alguns membros da Marinha que exigiam a renúncia do presidente Deodoro da Fonseca.

7 Observe a fotografia atentamente e depois responda às questões.

▶ Milhares de pessoas acompanham o cortejo fúnebre do presidente Getúlio Vargas na cidade do Rio de Janeiro, Rio de Janeiro, em 1954.

a) Com base na imagem, é possível dizer que a população ficou comovida com a morte do presidente Getúlio Vargas? Justifique sua resposta.

_____

_____

b) Em sua opinião, o que levou a população a essa reação?

_____

_____

Nesta unidade vimos

- O Brasil Império.
- A crise do Império.
- As ideias republicanas e o processo de transição do sistema político no Brasil.
- A Proclamação da República.
- A República da Espada e a República Oligárquica, marcada pela política do Café com Leite, o coronelismo e o voto de cabresto.
- A crise econômica de 1929 e a instabilidade política no Brasil.
- O golpe de Estado por meio do qual Getúlio Vargas assumiu o poder em 1930.
- A Revolução Constitucionalista e a promulgação da Constituição de 1934.
- O novo golpe de Vargas para se manter no poder, instaurando o Estado Novo, que tinha características autoritárias e buscava popularizar a imagem do presidente.

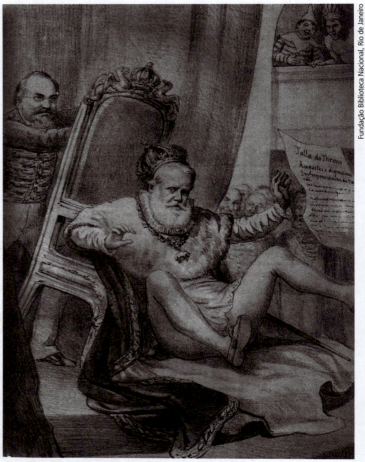

▶ Ângelo Agostini. *Caricatura de D. Pedro II satirizando o Império*. Ilustração publicada na *Revista Illustrada*, 1882.

Para finalizar, responda:

- Entre a monarquia e a república, que mudanças e continuidades marcaram as formas de governo adotadas pelo Brasil?
- É possível afirmar que você e os colegas são cidadãos plenos? Explique o que isso significa.

Para ir mais longe

Livros

▶ **Essa tal Proclamação da República**, de Edison Veiga (Panda Books).

Além de abordar os fatos que antecederam a expulsão de Dom Pedro II e da família imperial, a obra relata a promulgação da Lei Áurea, a Guerra do Paraguai, o Baile da Ilha Fiscal, a briga entre a maçonaria e a Igreja Católica e a revolta dos militares.

▶ **Abolição da Escravatura e Proclamação da República no Brasil**, de Miguel Mendes (Globo).

Nessa história em quadrinhos, a turma do Sítio do Picapau Amarelo relaciona, de um jeito divertido, a Abolição da Escravatura à Proclamação da República no Brasil.

▶ **Ouviram do Ipiranga**, de Marcelo Duarte (Panda Books).

O livro conta a história de Beatriz, uma menina que ganhou de presente do avô a batuta que pertenceu a Francisco Manuel da Silva, compositor do Hino Nacional. O autor descreve toda a história do hino e explora o significado de cada palavra dele.

UNIDADE 3
Democracia, ditadura e cidadania

- Você já ouviu falar em cidadania?
- Quais pessoas na imagem estão praticando atitudes para o bem comum?
- O que você incluiria nesta imagem para representar uma cidade ideal?

CAPÍTULO 1 — Um período democrático (1946–1960)

Vamos fazer uma televisão?

A televisão surgiu no Brasil na década de 1950 e não era tão popular como hoje. Que tal fazer uma televisão de brinquedo para passar sua própria programação?

Material:

- uma caixa de papelão;
- tinta guache de várias cores;
- folha de plástico transparente;
- tampas de garrafas PET;
- fita adesiva;
- tesoura sem ponta;
- papel sulfite;
- caneta e lápis de cor.

Dam Ferreira

Como fazer

1. Com a tesoura, corte o fundo da caixa de papelão em formato de tela.
2. Com a fita adesiva, cole o plástico transparente sobre o buraco que você recortou. Ele servirá de tela.
3. Em cada lado da caixa faça uma abertura fina e longa, de modo que possa passar uma folha de papel sulfite sem deixar muita folga.
4. Pinte a caixa da cor que quiser e cole as tampas para servirem de botões.
5. Cole as folhas de papel sulfite umas nas outras com fita adesiva, até formar uma longa faixa.
6. Faça desenhos nas folhas de papel sulfite, como se fossem os programas que você deseja apresentar na televisão.
7. Passe a faixa de papel sulfite pelas fendas laterais da caixa.

Pronto! Agora é só ir passando a faixa com o desenho que você fez e narrar a programação.

A volta da democracia

A renúncia de Getúlio Vargas, em outubro de 1945, foi conduzida pelos militares, sob o comando de Góes Monteiro, uma das pessoas que participaram do golpe de 1937. Com a saída de Vargas do poder, teve início a **redemocratização**. Entre 1946 e 1964, os presidentes foram eleitos por voto direto e secreto, e houve intenso desenvolvimento industrial, o que estimulou, entre outros fatores, o crescimento das cidades.

O primeiro presidente eleito nessa fase foi Eurico Gaspar Dutra (1946-1951). Durante seu governo, mais precisamente em 1946, foi escrita uma nova Constituição, em que o povo readquiriu alguns direitos que haviam sido limitados na Constituição de 1937, como a liberdade de expressão e de reunir-se em associações.

▶ Página do jornal *Diário de Pernambuco*, de 19 de setembro de 1946, com a manchete "Promulgada a Constituição".

Entre as principais medidas tomadas por Dutra estavam a abertura do país para investimentos estrangeiros e a implementação do Plano Salte, cujo objetivo era desenvolver as áreas de saúde, alimentação, transporte e energia.

Embora o governo Dutra tenha contribuído para avanços sociais e políticos, ele também aplicou diversas medidas autoritárias, como o fechamento do Partido Comunista Brasileiro e a cassação dos mandatos dos parlamentares eleitos sob essa legenda. Além disso, na mesma época, houve o fechamento de sindicatos e a prisão de sindicalistas que faziam oposição ao governo.

Glossário

Redemocratização: período de transição entre um regime ditatorial e um regime democrático com vistas à ampliação da participação política.

Vargas volta ao poder

Ao término do governo Dutra, novas eleições foram convocadas e Getúlio Vargas foi eleito presidente da República, governando de 1951 a 1954.

Em 1953, durante sua administração, foi criada a Petrobras, empresa estatal que, até os dias atuais, é responsável por todos os processos de produção do petróleo brasileiro. Todavia, esse governo foi marcado por uma grave crise política e econômica: a **inflação** estava muito alta, ocorriam diversas greves por melhores salários e os industriais preocupavam-se com a instabilidade econômica do país. Assim, o governo acumulou opositores em vários setores da sociedade, como empresários, sindicatos, militares e jornalistas.

▶ Getúlio Vargas com a mão suja de petróleo, na Refinaria de Mataripe. Bahia, 1952. Essa fotografia se tornou selo de cartas em comemoração do 5º ano da criação da Petrobras.

Em 1954, o deputado Carlos Lacerda, que fazia oposição ao presidente, foi vítima de uma tentativa de assassinato. As investigações sugeriam que o segurança de Vargas, Gregório Fortunato, teria sido o responsável. O fato gerou insegurança entre os militares e em outros opositores do governo, que começaram a exigir a renúncia do presidente.

Entretanto, Vargas negou-se a renunciar e suicidou-se em 24 de agosto de 1954. Depois de sua morte, o vice-presidente Café Filho assumiu a presidência e governou por pouco mais de um ano.

Glossário

Inflação: aumento generalizado e contínuo dos preços, que provoca grande desvalorização da moeda e queda acentuada do poder de compra.

Os anos dourados

Nas eleições de 1955, foi eleito presidente Juscelino Kubitschek, conhecido como JK. O objetivo de seu governo, que durou de 1956 a 1961, era promover "50 anos de progresso em 5 anos de governo". Para isso, JK procurou cumprir um plano com 31 metas de desenvolvimento nos setores de energia, transporte, alimentação, indústria de base e educação.

Muitas indústrias foram instaladas na região Sudeste, o que atraiu pessoas de todo o país em busca de empregos e melhores condições de vida. A maior parte delas migrou da região Nordeste para os estados de Minas Gerais, Rio de Janeiro e, principalmente, São Paulo.

▶ Chegada de retirantes da Região Nordeste à cidade de São Paulo. São Paulo, 1958.

Além de estimular o crescimento da indústria nacional, sobretudo de automóveis e eletrodomésticos, o governo de Juscelino Kubitschek foi responsável pela construção da nova capital do país em uma área desmembrada do estado de Goiás. A capital, que recebeu o nome de Brasília, atraiu a migração de trabalhadores do Norte e Nordeste, os chamados **candangos**, e facilitou a integração regional no interior do país.

Graças a essas modernizações e à sensação de otimismo entre os setores da população, o período da administração JK foi chamado de **Anos Dourados**. Apesar da industrialização crescente, o acesso ao consumo era restrito apenas a uma parcela da população. Além disso, houve inflação alta e aumento da dívida externa.

Um pouco mais sobre

Brasília: o nascimento da nova capital

Transferir a capital federal, que na época era o Rio de Janeiro, foi uma das grandes preocupações do governo brasileiro desde a primeira Constituição Federal Republicana, de 1891. Um dos artigos desse documento dava ao Congresso Nacional a missão de mudar a capital. Havia três principais motivos envolvidos:

- o Rio de Janeiro não era uma cidade planejada para receber o governo, o que causava sérios problemas no dia a dia das repartições públicas;
- por estar próxima ao mar, a cidade era mais **vulnerável** à ação tanto de forças estrangeiras quanto de movimentos rebeldes, como acontecera nas duas Revoltas da Armada;
- o clima tropical do Rio de Janeiro ajudava a espalhar epidemias pela capital.

No fim de 1956, Juscelino Kubitschek conseguiu a aprovação do Congresso para a construção da nova capital. O local escolhido foi um planalto em Goiás, por causa do clima seco do Centro-Oeste, que reduziria a incidência de doenças, e da falta de acesso por via marítima. Além disso, o governo buscava maneiras de povoar a região, já que a maioria dos brasileiros vivia na área costeira.

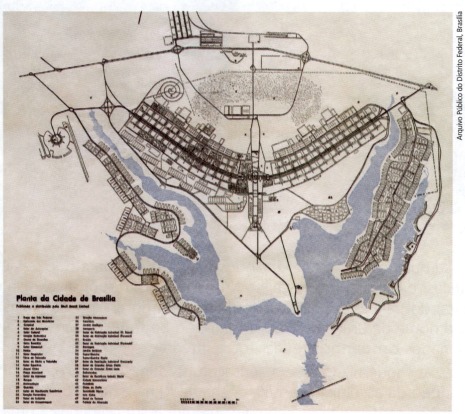

▶ Projeto do Plano Piloto de Brasília, 1957. Observe que a cidade foi construída com a forma de um avião, um símbolo da modernização do período.

Conhecido no cenário nacional, Oscar Niemeyer participou de um concurso promovido pelo governo para ser o **arquiteto** da nova capital – e foi o vencedor. São de sua autoria os principais prédios da cidade, como o Palácio da Alvorada, o Palácio do Planalto, o edifício do Supremo Tribunal Federal, entre outros. Já para o planejamento urbano, o vencedor do concurso foi o **urbanista** Lúcio Costa.

O Plano Piloto – como era chamado o projeto de Lúcio Costa – previa tudo o que é preciso para compor a cidade que seria sede do governo: prédios administrativos, grandes avenidas, moradias para os funcionários públicos e espaços para abrigar todo tipo de serviços, como escritórios, gráficas, lojas, hotéis, hospitais, supermercados etc. Além disso, as construções ficariam em setores distintos, de acordo com sua finalidade. Assim, há em Brasília setores comerciais e setores residenciais, e não a tradicional divisão em bairros, como na maioria das cidades brasileiras.

Apesar de esteticamente interessante, o projeto de Costa não previu o crescimento natural da cidade, e surgiram várias aglomerações ao redor dela, chamadas de "cidades-satélites". Os primeiros moradores desses locais foram os próprios operários que construíram a capital, mas, após a inauguração, outros brasileiros escolheram as cidades-satélites como moradia. Eles vinham de outras regiões para oferecer seus serviços na nova capital do país.

> **Glossário**
> **Arquiteto:** profissional formado em Arquitetura, que é a técnica de planejar espaços e edificações.
> **Urbanista:** especialista em planejamento de uma cidade, região ou bairro, de suas áreas habitacionais e de circulação, sistema de transporte, saneamento etc.
> **Vulnerável:** que está mais exposto a algum dano ou perigo.

▶ Vista do Eixo Monumental, Brasília, Distrito Federal, 2018. Brasília foi inaugurada em 21 de abril de 1960. Por sua importância histórica e arquitetônica, a cidade atualmente é considerada Patrimônio Cultural da Humanidade.

1 Brasília é considerada Patrimônio Cultural da Humanidade. Você sabe o que isso significa? Se necessário, pesquise.

2 Busque imagens de Brasília e, com os colegas da sala, monte um painel com o título: "Brasília, a capital federal em imagens". Você deverá procurar na internet, em revistas e livros imagens que representem as diferentes paisagens locais, e não somente o centro político e administrativo.

Atividades

1 Observe a fotografia a seguir e responda às questões no caderno.

a) Que direito do cidadão foi suprimido na Constituição de 1937 e restituído em 1945?

b) A maioria dos eleitores retratados são homens ou mulheres? Em sua opinião, o que justifica essa diferença?

▶ Com o fim da ditadura de Vargas, em 1945, o presidente seguinte foi eleito por voto popular. A fotografia mostra a fila de eleitores na cidade de São Paulo para participar da eleição presidencial, que ocorreu em 3 de dezembro do mesmo ano.

2 Complete as frases utilizando os termos abaixo.

capital do Brasil	21 de abril de 1960	automóveis	
indústria de base	planejada	alimentação	Anos Dourados
Juscelino Kubitschek	energia	eletrodomésticos	

a) Em 1955, foi eleito o presidente _____. Durante seu governo, buscou-se realizar um plano de desenvolvimento para os setores de _____, transporte, _____, _____ e educação. Também houve estímulo à indústria de _____ e de _____. Em razão dessas modernizações, o período de sua administração foi chamado de _____.

b) Brasília é uma cidade que foi _____ e construída no Planalto Central para ser a _____, sendo inaugurada em _____.

3 Leia o texto a seguir e faça o que se pede.

> Homem da velocidade e do dinamismo, JK prometeu fazer em cinco anos o que normalmente se faria em cinquenta e deu a esse projeto o nome de Plano de Metas. [...] Foram construídas usinas hidrelétricas, como Furnas e Três Marias, e abertas grandes rodovias. No entanto, o crescimento econômico da Era JK se fez à custa de um significativo aumento da dívida pública. [...] Se o governo de Juscelino foi marcado pelo permanente compromisso com a democracia, pela conciliação e pelo diálogo, traços pessoais do presidente, o foi também pela queda no valor dos salários, pelo desmonte na rede ferroviária nacional em benefício da indústria automobilística e pelo início da escalada da inflação e da dívida externa.
>
> Isabel Lustosa. *A História do Brasil explicada aos meus filhos*. Rio de Janeiro: Agir, 2007. p. 103-104.

a) Explique o Plano de Metas de JK.

_____

_____

b) Cite as principais características do Governo JK nos setores indicados a seguir.

◆ Economia: _____

_____

◆ Política: _____

_____

4 Na década de 1950, diversos anúncios apresentavam as novidades dos eletrodomésticos que chegavam às lojas. Observe a imagem e responda às questões no caderno.

a) Que produtos estão sendo anunciados?

b) Quem consumia esses produtos? Explique como você chegou à essa conclusão.

c) Em sua opinião, como o acesso a eletrodomésticos mudou o cotidiano da população brasileira?

▶ Propaganda da década de 1950.

CAPÍTULO 2
Entre democracia e ditadura (1960-1964)

Bilhete presidencial

O presidente que substituiu Juscelino Kubistchek em 1961, Jânio Quadros, tinha um costume nada comum a seu cargo de chefe da Nação. Diariamente ele escrevia bilhetes para pessoas que trabalhavam com ele e tomava pequenas decisões que se tornaram famosas. Entre elas, estavam a proibição do uso de biquínis na praia e a regulamentação do tamanho dos maiôs das mulheres nos concursos de *miss*. Decisões bem curiosas, não acha?

E você, se fosse o presidente da República hoje, pensando em decisões curiosas, o que escreveria em seu Bilhete presidencial?

1 Como você imagina que seu bilhete seria interpretado pela população?

O breve governo de Jânio Quadros (1961)

Em 1960 foi eleito à presidência da República o candidato Jânio Quadros, que usava uma vassoura como símbolo da campanha para "varrer" a corrupção.

Em seu governo, Jânio adotou medidas impopulares para a época, como a proibição das brigas de galo e do uso de biquíni. Para combater a inflação, reduziu a **concessão de crédito**, promoveu a desvalorização da moeda e o congelamento dos salários.

Essas e outras escolhas, além de diminuir a popularidade do presidente, levaram-no a perder apoio de outros políticos, que passaram a dificultar a aprovação de seus projetos no Congresso. Enfrentando forte oposição, com pouco mais de seis meses de mandato, Jânio Quadros renunciou ao cargo.

Glossário

Concessão de crédito: empréstimo ou financiamento pago com o dinheiro público.

▶ Participantes na campanha de Jânio Quadros para a Presidência da República, 1960.

Direto da fonte

1 Confira a seguir o *jingle* de campanha de Jânio Quadros para as eleições de 1960.

> Varre, varre, varre, varre vassourinha!
> Varre, varre a bandalheira!
> Que o povo já 'tá cansado
> De sofrer dessa maneira
> Jânio Quadros é a esperança desse povo abandonado!
> Jânio Quadros é a certeza de um Brasil moralizado!
> Alerta, meu irmão!
> Vassoura, conterrâneo!
> Vamos vencer com Jânio!

a) Com a ajuda de um dicionário, responda no caderno: O que quer dizer a palavra "bandalheira"?

b) De acordo com o *jingle*, o que Jânio Quadros prometia ao povo?

c) Essas promessas ainda são comuns nas campanhas eleitorais atuais? Explique.

O governo de João Goulart (1961-1964)

Após a renúncia de Jânio Quadros, o vice-presidente João Goulart, conhecido como Jango, assumiu o governo. Ele governou de 1961 até 1964. Jango propunha mudanças econômicas para o Brasil, como a alteração na cobrança de impostos (reforma tributária) e a redistribuição de terras (reforma agrária).

Tais medidas, que faziam parte das chamadas Reformas de Base, atrapalhavam os interesses dos setores ricos e poderosos. Além delas, Jango propunha uma reforma educacional, a fim de combater o analfabetismo e formar mais cidadãos aptos a participar da vida política do país. Embora os grupos que comandavam a economia brasileira fossem contrários às ideias de Jango, as camadas mais pobres da população aprovavam essas medidas.

▶ João Goulart discursa em comício na Central do Brasil anunciando as Reformas de Base. Rio de Janeiro, Rio de Janeiro, 1964.

Alguns setores da sociedade brasileira temiam que as crescentes manifestações populares de apoio a Jango e suas medidas levassem o país a uma revolução popular. Eles tinham a seu lado as Forças Armadas, que partilhavam do mesmo receio, além do apoio de países como os Estados Unidos. Por essa razão, no dia 31 de março de 1964, Jango foi deposto, ou seja, retirado do poder por um golpe de Estado, que deu início a um novo período de ditadura no Brasil.

▶ Civis e militares em passeata pelas ruas do Rio de Janeiro. Rio de Janeiro, 1º de abril de 1964.

Diferenças entre parlamentarismo e presidencialismo

Quando Jânio Quadros renunciou, houve um grande impasse quanto à posse de João Goulart. Havia forte resistência de alguns setores da sociedade à sua posse.

Em busca de uma solução que evitasse maiores conflitos, ficou decidido que seria adotado o **parlamentarismo**.

Dessa forma, João Goulart assumiria como chefe de Estado, com poderes limitados, permanecendo como representante da nação, e Tancredo Neves seria o primeiro-ministro, assumindo o posto de chefe de governo.

Isso ocorreu porque, no parlamentarismo, o poder é dividido entre o chefe de Estado – neste caso, o presidente, cuja função seria representar o país, mas não administrá-lo – e o chefe de governo – neste caso, o primeiro-ministro, que efetivamente administraria o país.

Em ambos os sistemas, é o povo quem escolhe os representantes do governo. No **presidencialismo**, o presidente e todos os outros representantes do Legislativo (deputados e senadores) são eleitos pelo povo, em uma democracia como a do Brasil. Já no parlamentarismo, o povo escolhe os parlamentares (deputados e/ou senadores) e estes, por sua vez, escolhem quem vai governar, ou seja, o primeiro-ministro.

O parlamentarismo desse período durou até janeiro de 1963, quando, por meio de uma consulta popular (plesbicito), a maioria da população brasileira (cerca de 82%) optou pela volta do presidencialismo, sistema que continua em vigor no Brasil.

1 De acordo com o texto, quando vigorou o parlamentarismo no Brasil?

_____

2 Quais são as diferenças entre os sistemas parlamentarista e presidencialista?

_____
_____
_____
_____
_____

Atividades

1. Observe a imagem.

▶ Reprodução da carta de renúncia de Jânio Quadros à Presidência do Brasil, no estilo de bilhete, 1961.

a) Do que se trata o documento?

_____
_____
_____
_____

b) A quem o texto se destina?

_____
_____
_____

2. Quais as reformas propostas por João Goulart que ficaram conhecidas como Reformas de Base?

_____
_____
_____
_____

3 Sobre o governo João Goulart, pinte de **verde** as frases corretas e de **vermelho** as incorretas.

> João Goulart era apoiado por todos os setores da sociedade.

> Se colocadas em prática, as propostas de Jango atrapalhariam os interesses da elite brasileira.

> Goulart pretendia fazer diversas reformas, como a tributária (alterações na cobrança de impostos) e a agrária (redistribuição de terras).

> Jango não pretendia alterar a estrutura da educação brasileira.

> Jango pretendia combater o analfabetismo por meio de uma reforma educacional.

> Em 31 de março de 1964, Jango foi deposto.

> A deposição de Jango deu início a um novo período de democracia no Brasil.

> Jango estava alinhado com os interesses dos países capitalistas, por isso foi deposto.

> Jango premeditou um golpe contra Jânio Quadros para se tornar presidente.

4 Escreva um pequeno texto citando as razões que levaram alguns setores da sociedade brasileira a ser a favor das Reformas de Base e as razões de outros setores a se posicionarem contrários a elas.

_____
_____
_____
_____
_____

CAPÍTULO 3
O Regime Militar (1964-1985)

Memória e história

Que tal conhecer um pouco do período que vamos estudar neste capítulo por meio de histórias contadas por quem viveu naqueles anos?

1. Entreviste pessoas com mais de 60 anos que viveram no Brasil durante o Regime Militar.

2. Faça as questões a seguir e anote as respostas em uma folha à parte.
   - Qual é seu nome? E sua idade?
   - Como você descreveria o Regime Militar?
   - Quais foram os aspectos positivos desse período?
   - Quais foram os aspectos negativos?
   - Como era sua vida naquele período?
   - Você se lembra de algum acontecimento que considera marcante durante aquele período? Descreva-o.
   - Como você classificaria aquele período?

Após as entrevistas, traga o resultado para a sala de aula e troque informações com os colegas e o professor, anotando os principais pontos que identificou do período.

Ao final deste capítulo, retome as anotações para comparar as informações dos entrevistados com as descritas nos textos.

Alberto Di Stefano

Militares no poder

Após o golpe de Estado que depôs João Goulart em 31 de março de 1964, o Brasil passou a ser governado por militares, que instituíram uma nova ditadura no país. Nesse regime, o presidente da República não era mais eleito pelo povo, mas escolhido pelos comandantes das Forças Armadas (Marinha, Exército e Aeronáutica).

Observe a seguir os presidentes que governaram o país nesse período.

Autoritarismo e perseguições

Ao assumir o poder, os militares revogaram os mandatos de vários deputados, senadores e outros políticos que haviam sido eleitos pelo voto popular. Funcionários públicos que eram contra a Ditadura perderam o emprego e militares **dissidentes** chegaram a ser presos.

O período do Regime Militar foi marcado pela perseguição a qualquer um que fizesse oposição ou criticasse o governo. Houve muita repressão: prisões, desaparecimentos, **torturas** e até a morte de suspeitos de agir contra o governo. Greves e passeatas, entre outras manifestações, também foram proibidas. Jornais, revistas, programas de televisão e quaisquer outros meios de comunicação sofriam **censura**.

▶ Tanques militares circulando pelas ruas da cidade do Rio de Janeiro. Rio de Janeiro, 1º de abril de 1964. Após o golpe de Estado, as Forças Armadas impuseram o novo regime por meio de força e intimidação.

Os Atos Institucionais

Para que as decisões dos governantes, apesar de inconstitucionais, fossem cumpridas foram criados os Atos Institucionais (AI). Por meio deles, o governo acabou com os partidos políticos, suspendeu novamente o direito ao voto, proibiu manifestações e greves e estabeleceu eleições indiretas para presidente, governadores e prefeitos.

Em 1967, os militares anularam a Constituição de 1946 e criaram uma nova, com forte característica autoritária, que conferia total poder de decisão aos governantes e restringia a liberdade e os direitos da população.

Em 1968, ano da promulgação do AI-5, o regime tornou-se ainda mais repressor. Muitas pessoas tiveram de deixar o país para não ser presas, e outras passaram a ser constantemente vigiadas pela polícia, tanto na vida pessoal quanto no trabalho.

Glossário

Censurar: proibir ou limitar a divulgação ou publicação de notícia, programa, música, filme ou opinião.

Dissidente: aquele que discorda da opinião ou do posicionamento estabelecido por um regime autoritário.

Tortura: sofrimento físico ou psicológico imposto a alguém como forma de punição, para conseguir alguma confissão ou informação que o torturador deseja saber.

As reações ao Regime Militar

Durante todo esse período, diversas pessoas se organizaram de diferentes maneiras para enfrentar o regime, denunciar abusos e lutar pela volta da liberdade. No entanto, independentemente de como fosse a manifestação contrária ao governo, os indivíduos podiam ser duramente reprimidos pelos agentes do Estado, entre eles, a polícia e os censores.

Alguns dos grupos opositores acreditavam que somente seria possível combater a Ditadura de forma radical e aderiram à **luta armada**. Esses grupos promoviam assaltos a bancos, sequestros de autoridades e outros atos criminosos para conseguir dinheiro, financiar ações contra o governo e desestabilizá-lo. No entanto, em 1971, a maior parte dos grupos de luta armada havia sido desmobilizada pelo governo e já não existia. Seus integrantes estavam presos, mortos ou haviam fugido para outro país.

Os movimentos culturais

Mesmo com a forte **censura** às produções artísticas, literárias e aos meios de comunicação, esse foi um período de intensa movimentação cultural. Nos teatros, grande parte das produções abordava temas nacionais e buscava estimular o debate sobre questões políticas e sociais. Destacaram-se, na época, os grupos: Teatro de Arena e Teatro Oficina.

Também a música, com os Festivais da Canção e a Tropicália; o audiovisual, com o Cinema Novo; e a imprensa alternativa compunham o rico quadro de contestação cultural ao regime.

▶ Os atores Jacira Silva e Otávio Augusto na montagem da peça *Samba contra 00 Dólar*, no Teatro de Arena. São Paulo, São Paulo, 1966.

▶ Cartaz do filme *Barravento*, direção de Glauber Rocha. Um dos expoentes do Cinema Novo, o filme conta a história de Firmino, um homem que retorna à aldeia de pescadores em que foi criado e tenta levar aos moradores ideias de liberdade.

A abertura política

A partir de 1975, a censura ficou mais moderada. Isso fazia parte da estratégia do governo Geisel (1974-1979), que pretendia iniciar mudanças para possibilitar a volta da democracia. Graças à pressão da população, Geisel diminuiu as restrições à propaganda eleitoral e, mais tarde, em 1978, acabou com a censura à imprensa e permitiu a volta dos exilados políticos.

Esse processo continuou na administração de João Baptista Figueiredo, o último presidente militar. No governo de Figueiredo, o Congresso aprovou a Lei da Anistia, que inocentava tanto os que tinham cometido crimes políticos durante a ditadura como os que praticaram crimes a mando do governo. Outra medida importante foi a **reforma partidária**, que possibilitou o pluripartidarismo, ou seja, a volta de vários partidos políticos.

Ambas foram vitórias importantes para o retorno da liberdade individual e política dos cidadãos brasileiros. Apesar disso, ainda faltava um passo fundamental para a volta à democracia: eleições diretas para presidente.

Glossário

Anistia: perdão concedido pela Justiça a crimes cometidos por determinados grupos e/ou em determinadas circunstâncias.

Exilado político: pessoa que saiu do país por discordar do governo e se opor a ele.

Diretas Já

A partir de 1983, movimentos populares por todo o país passaram a reivindicar eleições diretas para presidente. Essa campanha ficou conhecida como Diretas Já.

No entanto, a reivindicação da população não foi atendida pelo Congresso Nacional. Em 1985, o Colégio Eleitoral, formado por senadores, deputados federais e alguns deputados estaduais, elegeu o primeiro presidente civil depois de 21 anos de ditadura militar: o mineiro Tancredo Neves.

▶ Entre março de 1983 e abril de 1984, houve várias passeatas e comícios pelo voto direto no Brasil. Ao comício mostrado na fotografia, ocorrido em São Paulo, São Paulo, em 1984, compareceram aproximadamente 300 mil pessoas.

Atividades

1 Que fato histórico ocorreu em 31 de março de 1964? Quais as consequências de tal fato para o Brasil?

_____
_____
_____

2 Escreva **V** nas afirmativas verdadeiras e **F** nas falsas.

☐ O Brasil esteve sob a Ditadura Militar entre os anos de 1964 e 1985.

☐ Havia ampla liberdade para todos os cidadãos durante o Regime Militar.

☐ Houve repressão, perseguição e prisão dos que se posicionavam contra o Regime Militar.

☐ Durante o Período Militar não foi elaborada uma Constituição para o Brasil.

☐ Uma das formas de controle ditatorial era a censura de todos os meios de comunicação.

☐ Para garantir a execução de suas decisões, os militares utilizavam Atos Institucionais.

3 Quais foram as principais características do Regime Militar?

_____
_____
_____

4 Durante o Período Militar, como eram escolhidos os presidentes que governavam o Brasil?

_____
_____
_____

107

5. Observe a fotografia a seguir e faça o que se pede.

▶ Policiais reprimem manifestação de estudantes na cidade do Rio de Janeiro, Rio de Janeiro, 1968.

a) O que a imagem representa?

_____

_____

b) O que ocorreu em 1968, ano em que foi feita a fotografia?

_____

_____

c) Essa imagem tornou-se uma das mais emblemáticas da Ditadura Militar. Em sua opinião, o que ela informa sobre o regime?

_____

_____

_____

6. Explique o que motivou grupos a adotar a luta armada contra o Regime Militar.

_____

_____

_____

_____

7 Os governos militares usavam os meios de comunicação para fazer propaganda de seus feitos, enaltecer a nação e convencer a população de que estava vivendo um período próspero. Observe o cartaz a seguir e responda: Que significado tinha essa mensagem no contexto da Ditadura Militar?

BRASIL AME-O OU DEIXE-O

▶ Propaganda do governo militar.

_____

_____

_____

8 Escreva **V** nas afirmativas verdadeiras e **F** nas falsas.

☐ O presidente que iniciou as mudanças políticas que resultaram no fim da Ditadura Militar foi Ernesto Geisel.

☐ Entre as medidas de abertura democrática promovidas pelo presidente Geisel estava o fim da censura à imprensa.

☐ Os exilados políticos eram pessoas que tinham saído do país porque não gostavam de morar aqui.

☐ O general Figueiredo era o governante na época em que a anistia foi concedida e a reforma partidária realizada.

☐ A eleição para presidente em 1985 foi direta.

☐ A Ditadura Militar brasileira durou 21 anos, de 1964 a 1985.

9 Explique o significado dos termos a seguir.

a) Anistia: _____

b) Pluripartidarismo: _____

10 Explique o que foi a campanha Diretas Já e quando ela começou.

_____

_____

_____

CAPÍTULO 4 — Tempos de democracia

Participando da vida pública

1 Você exerce sua cidadania na comunidade em que vive? Responda a cada pergunta de acordo com a legenda:

| S – sempre | V – às vezes | N – nunca |

- ☐ Você joga lixo em lugares próprios para esse fim?
- ☐ Você separa o lixo para ser reciclado ou reaproveitado?
- ☐ Você respeita o patrimônio público, evitando danificá-lo (destruição, pichação etc.)?
- ☐ Você respeita o sinal de trânsito para pedestres?
- ☐ Você evita desperdício de energia elétrica?
- ☐ Você respeita todas as pessoas, sem nenhum tipo de distinção?
- ☐ Você evita o desperdício de água?
- ☐ Você respeita e protege a natureza e os animais?
- ☐ Você respeita os direitos de idosos, gestantes e pessoas com deficiência física?
- ☐ Quando vê alguém desrespeitando os direitos dos outros, você denuncia?
- ☐ Você doa brinquedos que não estão mais sendo usados ou incentiva as pessoas a fazer isso?

2 Entregue ao professor suas respostas e descubra o resultado de seu teste.

Uma nova república

Como você viu no capítulo anterior, o candidato Tancredo Neves foi eleito presidente de forma indireta. Durante sua campanha à presidência, ele afirmava que a volta ao regime democrático dava início a uma "Nova República".

No entanto, o presidente eleito ficou muito doente e faleceu no dia 21 de abril de 1985, antes de tomar posse do cargo. Em seu lugar assumiu o vice-presidente José Sarney, que governou até 1990.

Sarney tinha a responsabilidade de resolver urgentemente duas questões: reestabelecer a democracia e solucionar a grave crise econômica vigente no país.

A política econômica do governo Sarney

No início do governo de José Sarney, os brasileiros sofriam com a inflação alta. Os preços subiam muito e variavam dia após dia. De um mês para o outro, o mesmo produto podia custar o dobro.

Na tentativa de resolver esse problema, o governo lançou um projeto econômico chamado **Plano Cruzado**, que determinava a mudança da moeda brasileira, o reajuste dos salários e o congelamento de preços de todos os produtos por um ano. Dessa forma, nenhum preço poderia ser alterado.

Com o aumento dos salários, as pessoas passaram a comprar mais. O resultado foi a falta de produtos, inclusive de alimentos, além de filas enormes nos estabelecimentos comerciais. Os planos para solucionar os problemas econômicos fracassaram, o que gerou grande descontentamento popular.

▶ Desabastecimento durante o Plano Cruzado: consumidora passa por prateleiras vazias em supermercado da cidade de São Paulo. São Paulo, 1986.

A Constituição de 1988

Em 1º de fevereiro de 1987, os deputados e senadores formaram a Assembleia Nacional Constituinte, com a missão de elaborar uma nova Constituição, que foi promulgada em 5 de outubro de 1988.

Esse documento ficou conhecido como **Constituição Cidadã**, pois, além de garantir o retorno da democracia ao país, trouxe mudanças importantes nas áreas sociais. No âmbito político, estabeleceu eleições diretas para presidente, governadores e prefeitos e tornou o voto obrigatório para os brasileiros entre 18 e 70 anos. Os analfabetos passaram a poder votar, caso quisessem, assim como os maiores de 70 anos e jovens entre 16 e 18 anos.

Além dos direitos políticos, outros pontos da Constituição de 1988 também merecem destaque:

- a prática do racismo passou a ser considerada crime inafiançável;
- foi instituída a proteção aos povos indígenas, garantindo-lhes o direito à posse da terra que tradicionalmente ocupam;
- foram fixadas garantias trabalhistas, como jornada semanal de trabalho de 44 horas, direito ao Fundo de Garantia por Tempo de Serviço (FGTS), abono de férias, 13º salário para aposentados, direito de greve, entre outras.

Glossário

Inafiançável: crime que não é possível afiançar, isto é, pagar uma quantia para aliviar a pena.

▶ Indígenas acompanham votação na Assembleia Nacional Constituinte. Brasília, Distrito Federal, 1988.

O povo volta às urnas

A Constituição de 1988 estabeleceu eleição direta para presidente no ano seguinte. Assim, em 1989, finalmente, o povo pôde voltar às urnas para eleger o presidente.

O vencedor das eleições foi Fernando Collor de Mello, que prometera acabar com privilégios, reduzir a inflação e melhorar a vida dos brasileiros. Logo após assumir, o presidente implantou um novo pacote econômico, chamado Plano Collor. Esse plano incluía o **confisco** dos depósitos da poupança e de aplicações financeiras – ou seja, as economias das pessoas foram retidas pelo governo. Além de não ter dado certo, o plano gerou enorme descontentamento na população.

Em 1992, após várias denúncias de corrupção, grande parte da população se manifestou para pedir o *impeachment* ("impedimento", em português) do presidente. Para não ser retirado do governo, Collor renunciou ao cargo. Ainda assim foi julgado e seus direitos políticos foram cassados, ficando impedido de exercer cargo público por oito anos.

▶ Manifestantes pedem o *impeachment* de Collor. São Paulo, São Paulo, 1992.

O Governo Itamar Franco

Com a renúncia de Fernando Collor, assumiu seu vice, Itamar Franco. Durante o governo de Itamar foi lançado um novo plano econômico, o Plano Real, que mudou a moeda novamente, de cruzeiro real para real – em vigor até os dias atuais. Esse plano conseguiu controlar a inflação, o que ampliou a capacidade da população de adquirir produtos e serviços, e promoveu a estabilização da economia.

Glossário

Confisco: apreensão dos bens de uma pessoa pelo Estado.

O Governo FHC (1995-2002)

Fernando Henrique Cardoso, o FHC, foi ministro da Economia no governo de Itamar Franco e, com a ajuda de sua equipe, criou o Plano Real. Esse plano foi capaz de, enfim, equilibrar a inflação e deu início a um novo ciclo de desenvolvimento no país. O sucesso foi tão grande que Fernando Henrique Cardoso candidatou-se à Presidência e venceu as eleições de 1994.

Em seu primeiro mandato (1995-1998), FHC buscou manter a inflação sob controle e, para isso, fez uma série de reformas estruturais, incluindo a privatização de empresas estatais. Ao serem privatizadas, as companhias que eram controladas pelo Estado passaram a ser administradas por grandes grupos de empresários, em geral estrangeiros.

Em 1997, o Congresso Nacional aprovou uma emenda constitucional que permitia a reeleição em cargos do Poder Executivo, de governadores, prefeitos e presidente da República. Assim, em 1998, Fernando Henrique Cardoso foi reeleito.

No início de seu segundo mandato (1999-2002), uma crise econômica internacional provocou a desvalorização do real. A crise fez com que houvesse menor investimento em reformas estruturais.

Ao longo da gestão de FHC foram criados alguns programas sociais para atender aos setores mais carentes: o Bolsa Escola, o Bolsa Alimentação e o Vale Gás. As medidas buscavam transferir recursos para garantir condições básicas às famílias que passavam necessidades.

▶ Presidente Fernando Henrique Cardoso na cerimônia de lançamento do programa Nossa Terra – Nossa Escola, no Palácio do Planalto. O programa associou a entrega de títulos de propriedade de terras a mais de 300 mil famílias mediante a frequência de suas crianças em sala de aula. Fotografia de julho de 1999.

O Governo Lula (2003-2010)

Nas eleições de 2002, Luiz Inácio Lula da Silva foi candidato à presidência da República pela quarta vez e venceu a disputa no segundo turno.

▶ Luiz Inácio Lula da Silva, presidente eleito, após receber a faixa presidencial em cerimônia realizada em 1º de janeiro de 2003, no Palácio do Planalto, Brasília, Distrito Federal. Depois de 42 anos (a última vez havia sido em 1960, quando Jânio Quadros assumiu o governo depois de JK), um presidente eleito pelo povo passou a faixa presidencial a outro também escolhido nas urnas.

Ao assumir a Presidência, Lula anunciou que a prioridade de seu governo seria o combate à pobreza por meio do Programa Fome Zero, que pretendia garantir a todos os brasileiros com pouca ou nenhuma renda mensal uma alimentação adequada.

Seu primeiro mandato (2003-2006) foi marcado por mudanças nas áreas sociais, manutenção do controle da inflação, expansão do acesso à universidade e ampliação das relações comerciais e políticas do Brasil com outros países. As iniciativas sociais criadas no governo FHC foram continuadas no governo Lula e unificadas no programa Bolsa Família.

Em 2006, já como candidato à reeleição, Lula enfrentou várias denúncias de corrupção que envolviam membros do governo e pessoas ligadas a seu partido, o Partido dos Trabalhadores (PT). Mesmo assim, manteve alto índice de popularidade e venceu as eleições, iniciando o segundo mandato (2007-2010).

Entre as características importantes desse segundo período de governo estão: a redução do desemprego, a manutenção do controle da inflação e a criação do Programa de Aceleração do Crescimento (PAC). Por meio do PAC, o governo federal fez grandes investimentos em infraestrutura, especialmente em áreas como habitação, energia, saneamento e transporte, beneficiando empresas e gerando empregos.

Atividades

1 Leia as frases a seguir e escreva **V** nas afirmativas verdadeiras e **F** nas falsas.

☐ Tancredo Neves governou de 1985 a 1990, efetivando a redemocratização do país.

☐ O governo de José Sarney foi marcado por inflação alta e planos econômicos na tentativa de estabilizar a economia, além de uma nova Constituição.

☐ O Plano Cruzado resolveu o problema da inflação e foi um grande avanço econômico para o Brasil.

☐ A Constituição de 1988 foi bastante inovadora e a primeira a considerar o racismo um crime inafiançável.

☐ Quando lançou o Plano Cruzado, Tancredo Neves tinha a intenção de controlar a inflação e melhorar a qualidade de vida de todos os brasileiros.

2 Leia os artigos da Constituição de 1988 a seguir e responda às questões. Se necessário, pesquise mais informações.

> Parágrafo único. Todo o poder emana do povo, que o exerce por meio de representantes eleitos ou diretamente, nos termos desta Constituição. [...]
> Art. 5º Todos são iguais perante a lei, sem distinção de qualquer natureza, garantindo-se aos brasileiros e aos estrangeiros residentes no País a inviolabilidade do direito à vida, à liberdade, à igualdade, à segurança e à propriedade [...].

Brasil. Constituição (1988). *Constituição da República Federativa do Brasil*. Disponível em: <www.planalto.gov.br/ccivil_03/constituicao/constituicaocompilado.htm>. Acesso em: 27 jun. 2019.

a) Sobre igualdade entre as pessoas, o que diz a Constituição de 1988?

_____

b) Quais os direitos invioláveis, ou seja, que não podem ser desrespeitados?

_____

3 Por que a Constituição de 1988 ficou conhecida como Constituição Cidadã?

_____

4 Quais as principais tarefas do presidente Sarney ao assumir o governo?

_____

5 Faça a correspondência correta entre os governos indicados e os fatos a seguir.

1 Fernando Collor de Mello **2** Itamar Franco

☐ Implantação do Plano Real.

☐ Renúncia do presidente após denúncias de corrupção.

☐ Controle da inflação e melhora do poder de compra dos brasileiros por meio de novo plano econômico.

☐ Manifestações populares pedindo a saída do presidente da República.

☐ Primeiro presidente eleito pelo voto direto depois da Ditadura Militar.

6 Cite uma característica do governo FHC:

a) no primeiro mandato – _____

b) no segundo mandato – _____

_____

7 Numere os acontecimentos a seguir na ordem cronológica.

☐ O Plano Real, que estabilizou a inflação, foi implantado durante o governo de Itamar Franco.

☐ O presidente eleito Tancredo Neves morreu antes de assumir o governo, e José Sarney ficou em seu lugar, tornando-se o primeiro presidente civil depois da Ditadura Militar.

☐ Durante o governo de Fernando Henrique Cardoso foi instituída uma emenda constitucional que permitia a reeleição de prefeitos, governadores e presidente.

☐ A nova Constituição entrou em vigor em 1988 e trouxe muitos avanços nas áreas sociais, além de garantir o retorno da democracia.

☐ O governo Lula foi marcado por avanços sociais e pela criação de programas como o Fome Zero e o PAC.

☐ Collor, o primeiro presidente eleito por voto direto depois da Ditadura, renunciou ao mandato após denúncias de corrupção.

Hora da leitura

Discursos políticos

Declarações oficiais de políticos eleitos podem nos dar ideia das condições políticas e econômicas de nossa cidade, estado ou país em determinado momento da história. Observe a seguir o trecho de um discurso feito em um comício na década de 1960:

> Dirijo-me a todos os brasileiros, não apenas aos que conseguiram adquirir instrução nas escolas, mas também aos milhões de irmãos nossos que dão ao Brasil mais do que recebem, que pagam em sofrimento, em miséria, em privações, o direito de ser brasileiro e de trabalhar sol a sol para a grandeza deste país.
> Presidente de 80 milhões de brasileiros, quero que minhas palavras sejam bem entendidas por todos os nossos **patrícios**.
> [...]
> Não há ameaça mais séria à democracia do que desconhecer os direitos do povo; não há ameaça mais séria à democracia do que tentar estrangular a voz do povo e de seus legítimos líderes, fazendo calar as suas mais sentidas reinvindicações.
> Estaríamos, sim, ameaçando o regime se nos mostrássemos surdos aos reclamos da Nação, que de norte a sul, de leste a oeste levanta o seu grande clamor pelas reformas de estrutura, sobretudo pela reforma agrária, que será como complemento da abolição do cativeiro para dezenas de milhões de brasileiros que vegetam no interior, em revoltantes condições de miséria.

Glossário

Patrício: pessoa pertencente à mesma pátria que outra.

EBC, 2 jan. 2014. Disponível em: <www.ebc.com.br/cidadania/2014/03/discurso-de-jango-na-central-do-brasil-em-1964>. Acesso em: 27 jun. 2019.

1 Com base no que você estudou neste capítulo, quem teria feito esse discurso em um comício?

_____

_____

_____

2 De acordo com o autor do discurso, o povo era favorável às suas propostas?

_____

_____

HISTÓRIA em ação

Os registros de documentos oficiais

Como você já sabe, o trabalho dos historiadores depende da análise de fontes, isto é, diversos tipos de materiais produzidos no passado. Por esse motivo, o registro de informações e o arquivamento de documentos são tão importantes: é com base nessas e em outras fontes que é possível aos historiadores analisar o que aconteceu.

Todos os órgãos que fazem parte do governo devem manter organizados documentos oficiais e permitir sua consulta pelo público. Um dos departamentos mais antigos com essa função no Brasil é a Subsecretaria de Anais do Senado Federal. Criada em 1926, ela é responsável pelas atividades relativas à publicação e à guarda dos Anais do Senado Federal e do Congresso Nacional, entre outros documentos oficiais.

Os Anais contêm discursos, debates, tramitações e demais documentos relativos ao cotidiano do Poder Legislativo. Todo um trabalho cuidadoso de organização dos registros é feito para possibilitar a pesquisa de documentos por período, tema ou participante.

O item mais antigo da Subsecretaria de Anais é um documento de 1788. É um dos acervos mais importantes do país, que conta com mais 600 mil documentos especiais, dos quais 40 mil são imagens sobre as atividades dos senadores brasileiros.

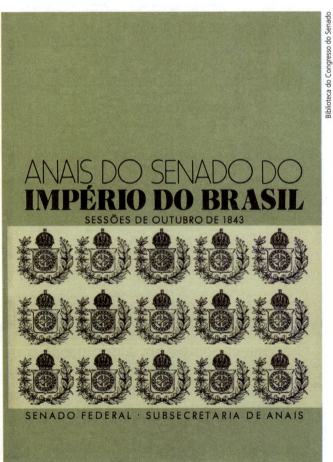

▶ Capa de um dos mais antigos Anais do Senado.

Revendo o que aprendi

1. Observe os acontecimentos listados a seguir e complete o quadro, indicando a qual presidente cada um está relacionado.
   - Assumiu a Presidência do Brasil após o suicídio de Getúlio Vargas.
   - Renunciou ao cargo.
   - Foi deposto pelos militares.
   - Promulgou uma nova Constituição, que garantia a volta da liberdade de expressão.
   - Criou a Petrobras.
   - Construiu Brasília, a nova capital do país.

Eurico Gaspar Dutra	
Getúlio Vargas	
Café Filho	
Juscelino Kubitschek	
Jânio Quadros	
João Goulart	

2. Qual é o nome da capital do Brasil inaugurada em 1960 e que motivos levaram à transferência do Rio de Janeiro para essa cidade?
   _____
   _____
   _____

3. Em que ano chegou ao fim a Ditadura Militar e qual foi a principal mudança desse acontecimento para a população brasileira?
   _____
   _____
   _____

4 Observe a imagem a seguir, leia a legenda e responda às questões.

▶ Cartaz explicando o motivo da falta de alguns mantimentos em um supermercado de São Paulo. São Paulo, 1986.

a) Quais os motivos para a falta de determinados alimentos durante o Plano Cruzado?

_____

_____

_____

b) Esse tipo de situação ainda ocorre atualmente? Explique.

_____

_____

5 Em sua opinião, ter direito ao voto é importante? Explique seu ponto de vista aos colegas e escute o deles.

_____

_____

Nesta unidade vimos

- Fim do Estado Novo e início de um período de governos democráticos.
- Crise no governo de Getúlio Vargas em 1950, que desestabilizou seu governo.
- Governo JK e a proposta de modernização: "50 anos em 5".
- Governo de João Goulart e o golpe de Estado de 1964.
- Ditadura Militar: repressão, censura e cassação de direitos.
- Eleições indiretas de 1985, morte of Tancredo Neves e posse de José Sarney.
- Propostas econômicas dos governos Sarney, Collor e Itamar Franco.
- Governo FHC: privatizações e programas sociais.
- Governo Lula: crescimento econômico do país.

Para finalizar, responda:

- As medidas adotadas nas últimas décadas conseguiram acabar com a pobreza e as desigualdades do Brasil? Explique.
- Em sua opinião, qual a importância do direito à manifestação popular?

Para ir mais longe

Livros

▶ **Brasil: Ditadura Militar – Um livro para os que nasceram bem depois...**, de Joana D'Arc Fernandes Ferraz e Eliane de Almeida Bortone (Hama Editora).

Esse livro traz, em forma de história em quadrinhos, as memórias de Clarisse, uma menina que cresceu durante a Ditadura Militar.

▶ **Abaixo a ditadura**, de Cláudio Martins (Paulus).

O período da Ditadura Militar foi um momento de opressão e retirada dos direitos civis e da liberdade. Essa é a história de uma vovó que usou sua dentadura para lutar contra o governo militar.

▶ **Mano descobre a liberdade**, de Heloisa Prieto e Gilberto Dimenstein (Editora Senac; Ática).

Curioso sobre o passado de seu avô, Mano mexe em uma velha caixa de sapatos, na qual encontra uma série de recortes de jornais que revelam a atuação do avô no Período Ditatorial, quando chegou a ser preso. Assim, Mano descobre a importância da liberdade, da solidariedade e da justiça.

▶ **A eleição da criançada**, de Pedro Bandeira (Melhoramentos).

Esse livro mostra as diferenças entre duas chapas na eleição de uma escola, sempre ressaltando a importância do diálogo, do consenso, do espírito de equipe e da prática da ética, não somente na política.

UNIDADE 4
Os desafios do século XXI

- O que mais chama sua atenção nessa imagem? Por quê?
- Que elementos da cena podem ser usados para contar a história desse lugar?
- Em sua opinião, o que deve mudar para que as pessoas tenham uma vida melhor no futuro?

CAPÍTULO 1 — Desafios no Brasil atual

O povo vai às ruas

Existem elementos e símbolos que ajudam a nos identificar como parte de uma nação, como povo brasileiro, e que demonstram nosso amor pelo país e nosso **patriotismo**. Observe a imagem a seguir.

Glossário

Patriotismo: devoção à pátria e às suas tradições.

▶ Manifestação política na Avenida Paulista. São Paulo, São Paulo, 2016.

1. Que símbolos da nação você identifica na imagem?

2. Em sua opinião, por que esses símbolos foram usados nesse momento?

3. E em sua família? Quando vocês utilizam cores ou símbolos que remetem ao nosso país?

Os rumos da política contemporânea

Viver em uma nação nos faz participantes ativos desse agrupamento. Isso quer dizer que todos devem cumprir e fazer cumprir a Constituição que rege nosso país. Nela estão estabelecidos direitos e deveres para todos, o que abrange a população e os governantes.

Entre os desafios atuais do Brasil está o de fazer com que todos possam viver em um país melhor. Esse precisa ser sempre o compromisso dos governantes e da população, cada um fazendo sua parte.

O Governo Dilma Rousseff (2011-2016)

Em 2010, o país elegeu, pela primeira vez, uma mulher para o cargo de presidente. Dilma Rousseff, do Partido dos Trabalhadores, deu continuidade aos projetos sociais iniciados na gestão FHC e ampliados no governo Lula, sobretudo os voltados para a erradicação da miséria.

Destacaram-se, em seu primeiro mandato, a ampliação do Programa de Aceleração do Crescimento (PAC) e a continuidade da política de valorização do salário mínimo, além de medidas de incentivo à transparência como a Lei de Acesso à Informação.

Um dos problemas enfrentados no período foi o escândalo de corrupção na Petrobras descoberto pela Polícia Federal, em que vários executivos e políticos de partidos aliados ao governo foram acusados de desvio de verbas e superfaturamento na construção de usinas.

▶ Dilma Rousseff entrega ao time da Alemanha a taça de campeão da Copa do Mundo de Futebol. Em 2014, o Brasil sediou o grande evento esportivo internacional, realizando os jogos em 12 capitais. O evento causou descontentamento em parcela significativa da população, que denunciava despejos para a construção dos estádios e de outras obras e reivindicava que os gastos fossem direcionados para áreas como saúde e educação.

O *impeachment* de Dilma

Nas eleições de 2014, diante de forte oposição e de acusações de mau uso do dinheiro público, Dilma foi reeleita para cumprir o segundo mandato. A vitória se deu por uma pequena diferença em relação ao candidato da oposição, Aécio Neves. Um fator que se destacou nessa eleição foi o grande número de votos brancos e nulos.

Após o início do segundo mandato, as manifestações populares iniciadas em 2013 se intensificaram, reunindo centenas de milhares de pessoas em todos os estados do Brasil. O acirramento da disputa eleitoral, a insatisfação popular com os casos de corrupção, a constante crítica ao governo nas mídias e os reflexos de uma crise econômica iniciada em 2014 compunham o quadro de instabilidade enfrentado pelo governo.

Em meio à grave crise de popularidade, a presidente foi denunciada por utilizar o dinheiro de bancos públicos para pagar programas sociais, como o Bolsa Família, antes que o dinheiro estivesse de fato disponível para o pagamento. Esse trâmite, chamado de "pedalada fiscal", deu origem a um processo de impedimento do mandato de Dilma Rousseff.

Pressionados pelas manifestações populares e atendendo aos interesses da oposição vencida nas eleições, a maioria dos deputados e senadores votou pelo afastamento da presidente, o que abriu caminho para a posse do então vice-presidente, Michel Temer.

▶ Deputados comemoram a aprovação do processo de *impeachment* da presidente Dilma em 2016. Em agosto desse mesmo ano, ela foi definitivamente substituída por seu vice, mas não perdeu os direitos políticos.

O Governo Michel Temer (2016-2018)

Após o afastamento de Dilma Rousseff para responder ao processo de *impeachment*, o então vice-presidente, Michel Temer, assumiu.

Ainda sob a crise econômica que começara em 2014, a administração Temer tomou medidas drásticas e impopulares para manter as contas do governo sob controle. Uma delas foi o Pedido de Emenda Constitucional (PEC) que estabeleceu o limite de gastos para o governo federal entre 2016 e 2036. Desse modo, os investimentos em algumas áreas como saúde e educação ficaram congelados, isto é, mantidos no mesmo valor, sem possibilidade de aumento, por no mínimo 10 anos.

Tais medidas, contudo, não foram suficientes para retomar o crescimento econômico do país. Marcado pelo aumento do desemprego e da dívida pública, o Governo Temer recebeu a pior avaliação dos governos após o regime militar, sendo considerado ruim ou péssimo por grande parte da população.

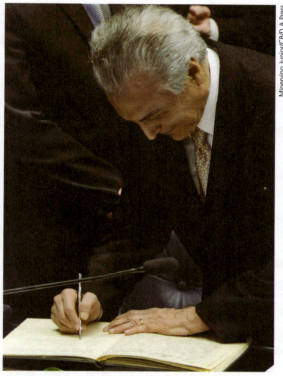

▶ Michel Temer toma posse como presidente da República, após o Senado Federal aprovar o *impeachment* da ex-presidente Dilma Rousseff.

No período em que Temer esteve no poder, manteve-se também a situação de instabilidade política no país iniciada com o *impeachment* de Dilma Rousseff. O aumento no preço dos combustíveis, que afeta diretamente o sistema de transportes de carga, fez eclodir uma grande greve de caminhoneiros em maio de 2018.

O movimento dos caminhoneiros parou o país durante nove dias, trouxe graves consequências para a economia e teve reflexos na campanha eleitoral de 2018.

▶ Motoristas de caminhão em greve contra o aumento do preço dos combustíveis durante o Governo Temer, 2018.

O processo eleitoral de 2018

Marcado por denúncias, polêmicas e reviravoltas, o processo eleitoral de 2018 é considerado um dos mais intensos de nossa história republicana.

Apesar de contar com o maior número de candidatos à presidência desde a redemocratização, a disputa eleitoral ficou centrada em dois oponentes: Fernando Haddad, do Partido dos Trabalhadores (PT), e Jair Bolsonaro, do Partido Social Liberal (PSL). O primeiro, no entanto, só se apresentou como candidato após a proibição do ex-presidente Lula, então preso por denúncias de corrupção, de concorrer a um terceiro mandato pelo PT.

A população dividiu-se, em certa medida, entre aqueles que defendiam os avanços sociais conquistados nos governos de Lula e Dilma e aqueles que acusavam os ex-presidentes e seu partido de corrupção, aderindo principalmente ao discurso patriótico do ex-capitão do Exército, Jair Bolsonaro. Questões relacionadas à crise econômica e às altas taxas de desemprego foram pouco discutidas, e os debates políticos adentraram uma nova arena: a *internet*.

Por um lado, o uso de redes sociais e aplicativos de comunicação instantânea facilitou o diálogo dos candidatos com seus eleitores; por outro, possibilitou a disseminação de notícias falsas em larga escala. Criadas para **desmoralizar** os adversários, as *fake news* provocaram um efeito ainda não estimado nas eleições de 2018 no Brasil.

Glossário
Desmoralizar: causar constrangimento, descrédito ou humilhação a alguém.

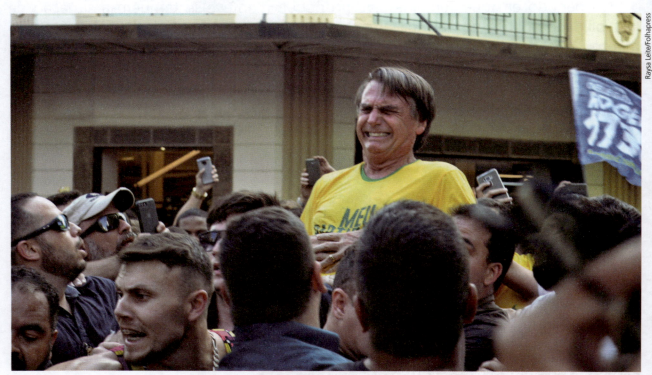

▶ Em setembro de 2018, um mês antes do primeiro turno das eleições, Jair Bolsonaro, um dos candidatos com maior intenção de votos, foi vítima de um atentado, em que foi esfaqueado. O incidente polarizou ainda mais a campanha eleitoral.

O Governo Jair Bolsonaro

Após vencer o segundo turno contra Fernando Haddad, Jair Bolsonaro foi eleito com 54% dos votos válidos, uma porcentagem pouco maior do que a que Dilma Rousseff obteve para seu segundo mandato. Novamente, o fator que se destacou na eleição de 2018 foi o grande número de votos brancos e nulos.

O novo presidente assumiu o cargo em janeiro de 2019 e buscou se diferenciar, logo de início, em relação aos governos anteriores. Afirmou que não negociaria cargos ou benefícios em troca de apoio no Congresso, cortou ministérios e exonerou funcionários estatais de longa carreira nos órgãos públicos.

As relações com veículos tradicionais de mídia, como grandes jornais e emissoras de televisão, também ficaram estremecidas: como presidente, Bolsonaro passou a fazer comunicados oficiais pelas redes sociais, nas quais desfrutava de grande apoio popular.

Os ministros e demais ocupantes de cargos do governo Bolsonaro foram escolhidos pelo alinhamento a suas ideias conservadoras – em grande parte militares da reserva. No entanto, acusações de corrupção e desvio de dinheiro causaram a troca de duas nomeações logo nos primeiros meses de mandato.

▶ A primeira-dama Michelle Bolsonaro e Jair Bolsonaro na cerimônia de posse de 1º de janeiro de 2019.

Tendo herdado um cenário econômico, político e social pouco favorável, Bolsonaro chegou ao poder com o desafio de estabilizar o país, gerar empregos e atrair investimentos. Assim, a principal proposta do governo foi a aprovação de uma reforma da Previdência, que previa novas idades para a aposentadoria de trabalhadores rurais e urbanos, além de mudanças no sistema de arrecadação.

Fake news e checagem de informação

Você viu que as eleições de 2018 foram marcadas também pela circulação de notícias falsas cujo objetivo era criar polêmica sobre a vida dos candidatos à presidência.

Mas as *fake news* não estão presentes somente nas campanhas eleitorais. Informações falsas sobre diferentes assuntos circulam pelas redes sociais e por aplicativos instantâneos de troca de mensagens.

Assim, uma atitude positiva e cidadã é a de verificar se as informações estão corretas antes de divulgá-las. Isso impedirá que uma eventual notícia falsa se espalhe. E como você pode fazer isso?

- Sempre procure *sites* oficiais confiáveis de instituições e governos para realizar a pesquisa.
- Se mesmo assim você não conseguir verificar se uma informação é verdadeira ou falsa, existem *sites* de checagem de fatos, dedicados à verificação de notícias que circulam pela internet. Um desses *sites* é o FakeCheck (http://nilc-fakenews.herokuapp.com/), que foi desenvolvido por pesquisadores da Universidade de São Paulo.

1 Você ou alguém de sua turma viu alguma notícia recentemente que pode ser falsa? Mostre-a a seu professor. Ele o ajudará a verificar a veracidade da informação.

Atividades

1. Numere os itens a seguir de acordo com a ordem cronológica.

    ☐ Jair Bolsonaro é vítima de um atentado.

    ☐ Dilma Rousseff sofre *impeachment* por ter praticado as "pedaladas fiscais".

    ☐ População insatisfeita sai às ruas para protestar contra a corrupção.

    ☐ Jair Bolsonaro é eleito presidente.

    ☐ Michel Temer assume como presidente.

2. Qual é a característica comum entre os governos de Fernando Henrique Cardoso, Lula e Dilma Rousseff? Responda no caderno.

3. Converse com os colegas: Qual foi o motivo que levou a presidente Dilma a sofrer *impeachment*? Por quê?

4. Em uma folha avulsa, faça um pequeno resumo do Governo Michel Temer.

5. Quais foram as principais características da campanha presidencial de 2018?

    _____
    _____
    _____
    _____

6. Complete o diagrama com os nomes dos presidentes do Brasil após 2010.

CAPÍTULO 2
A cidadania em construção

Todos temos direitos

1 Cada uma das frases a seguir refere-se a determinada lei brasileira de garantia de direitos. Recorte as imagens da página 175 e cole-as nos lugares relacionados aos direitos garantidos a cada uma das pessoas retratadas.

Direito de decidir ter ou não ter filhos e quando tê-los.

Direito de pagar meia-entrada em eventos artísticos e culturais.

Direito de manter sua organização social, costumes, línguas, crenças e tradições.

Direito a um processo de reabilitação que permita o desenvolvimento de suas potencialidades, talentos e habilidades.

Entre avanços e retrocessos

Desde o retorno à democracia, ocorreram melhoras significativas na qualidade de vida da população. A inflação passou a ser mais controlada, o que ajuda a regular o orçamento das famílias e facilita a aquisição de bens de consumo. Houve também aumento expressivo do acesso a serviços essenciais, como coleta de lixo, rede de esgoto, água encanada e luz elétrica. A educação foi democratizada, ou seja, mais pessoas têm acesso ao ensino público e gratuito, da pré-escola ao Ensino Superior.

▶ Sala de aula da Escola Municipal Nossa Senhora Aparecida. Área rural de Caraí, Minas Gerais.

No entanto, muitas pessoas ainda passam necessidade e seus direitos não são garantidos pelo poder público. É preciso ampliar o saneamento básico, especialmente no interior do país; fornecer água encanada e luz elétrica a todos os brasileiros; acabar com o trabalho infantil; pôr fim à violência; e ampliar o acesso à moradia, atendendo àqueles que vivem em situação de rua.

Por trás de tudo isso, está o compromisso principal: eliminar a desigualdade social, que faz poucas pessoas terem muito dinheiro e muitas terem pouco ou quase nada.

Pesquisa histórica

1. Em grupos, busquem em jornais, revistas, internet, livros etc. notícias de avanços e retrocessos nos direitos no Brasil, nos últimos anos. Juntem as notícias com imagens e colem-nas em um cartaz. Para cada notícia referente a um direito não respeitado, elaborem uma sugestão para resolver o problema. Não se esqueçam de que as soluções devem ser possíveis de ser realizadas.

O mercado de trabalho

A qualidade de vida da população depende diretamente da oferta de emprego e da garantia de boas condições de trabalho. Atualmente, a renda mensal de muitas famílias no Brasil está comprometida, pois um ou mais membros delas estão desempregados. Assim, não conseguem se alimentar devidamente e comprar os itens necessários ao dia a dia, chegando até a se endividar.

Com as altas taxas de desemprego, ocorre também o crescimento do mercado de trabalho informal. Pessoas oferecem serviços em troca de pagamento, mas não têm vínculo com nenhuma empresa nem têm direitos trabalhistas.

Nesse aspecto, é necessário que haja maiores investimentos no país – tanto por parte do governo como da iniciativa privada – para que essa situação possa ser resolvida. Melhores condições de trabalho e renda garantem uma vida mais digna a todos os cidadãos.

Outro fato importante é o investimento em educação, garantindo não só acesso à escolaridade mas também uma melhor formação aos jovens, que vão compor o futuro mercado de trabalho. Essas questões estão entre os desafios aos atuais e futuros governantes do Brasil.

A questão agrária

Outro grave problema que se mantém na atualidade é a concentração de terras nas mãos de poucas pessoas. Essa questão existe desde o Brasil Colonial (1500-1822) e ainda parece estar longe de uma solução definitiva.

A concentração desigual de terras produtivas está entre as causas do aumento da miséria e da violência no espaço rural, da migração da população do campo para as cidades à procura de emprego, e do deslocamento para outras regiões do país em busca de terras.

Uma das medidas propostas para resolver esse problema é a realização da reforma agrária, ou seja, a redistribuição das terras improdutivas aos trabalhadores rurais que nelas queiram produzir.

▶ Marcha e passeata dos integrantes do Movimento dos Trabalhadores Rurais Sem Terra (MST) a favor da reforma agrária. Duartina, São Paulo, 2017. Desde 1979, esse movimento pressiona os governos a promover a reforma agrária, por meio de ações como ocupações de terra e manifestações.

Os direitos e deveres dos cidadãos

Cidadania é o exercício dos direitos e o cumprimento dos deveres para a boa convivência em sociedade. Os direitos devem ser concedidos pelos governos e pela sociedade às pessoas. Veja a seguir como podem ser classificados.

- **Direitos civis**: são os direitos fundamentais de todos os seres humanos, independentemente do lugar em que vivem. Exemplos: direito à vida, à liberdade, à segurança e à igualdade perante a lei.
- **Direitos sociais**: são os que garantem às pessoas a participação na vida coletiva. Exemplos: direito à educação, à moradia, à saúde, ao transporte, ao trabalho, ao lazer, entre outros. Esses direitos podem variar de acordo com o local em que cada um mora.
- **Direitos políticos**: são os direitos ao voto e à eleição para cargos públicos. No Brasil, os direitos políticos garantem a participação da população nas decisões políticas e na organização da sociedade, pois vivemos em uma democracia. Esses direitos também variam de acordo com o país em que cada pessoa vive.

▶ Fila para votação no Colégio Estadual Senhorinha de Moraes Sarmento, em Curitiba, 2018.

O exercício da cidadania também envolve o cumprimento de deveres. Respeitar as pessoas, cumprir as leis, preservar o patrimônio público, respeitar a propriedade particular, contribuir com impostos, cuidar do meio ambiente e votar são alguns dos deveres dos brasileiros. Os deveres, quando cumpridos, contribuem para o bom funcionamento da sociedade em que vivemos.

Exercendo a cidadania

Não basta conhecer os direitos e deveres ou saber as leis que os asseguram. Precisamos também desempenhar o papel de cidadãos conscientes e colaborar para o bem-estar de toda a sociedade.

Como vivemos em uma coletividade, devemos cooperar com os outros, ser solidários e participar ativamente da sociedade para que essa convivência seja a melhor possível. Podemos fazer isso por meio de pequenos gestos no dia a dia.

▶ Refugiados aguardando atendimento no Centro de Apoio ao Trabalhador (CAT). São Paulo, São Paulo. A cidade é um dos principais destinos de refugiados que chegaram nos últimos anos fugindo de guerras e da pobreza em seus países.

> A cidadania nos dá o direito de viver dignamente. Contudo, para isso, é necessário que todas as pessoas cumpram seus deveres e exijam que seus direitos sejam respeitados. A cidadania só funciona se for valorizada por todos e exercitada diariamente.

Cuidar do patrimônio público (telefones públicos, bancos de praça, monumentos etc.), respeitar as leis e outras normas dos espaços de convivência, não fazer barulho em frente a hospitais e não incomodar os vizinhos com aparelhos sonoros em volume alto são alguns exemplos de atitudes de cidadania.

Em relação ao meio ambiente, podemos adotar atitudes como: não jogar lixo no chão, economizar água e separar o lixo reciclável. É preciso entender que o meio ambiente é patrimônio de todos e deve ser cuidado e protegido para garantir a continuidade da vida no planeta.

Atividades

1. Observe as imagens a seguir e, depois, responda às questões.

a) Em qual imagem foi representada uma atitude de cidadania?

1 ☐   2 ☐

b) Em qual imagem foi representada uma atitude de desrespeito ao patrimônio público?

1 ☐   2 ☐

2. Em uma folha avulsa, faça uma lista de atitudes de seu dia a dia que beneficiam toda a comunidade. Depois, compare sua lista com a dos colegas e converse com eles sobre como cada um pode melhorar suas ações para o bem coletivo.

3. Explique o que é cidadania.

4. Observe os direitos no quadro e classifique-os corretamente na tabela.

> votar   moradia   saúde   segurança   educação   alimentação   liberdade
> igualdade perante a lei   trabalho   candidatar-se a cargos públicos

DIREITO		
Civil	Social	Político

CAPÍTULO 3
Leis que garantem direitos

Seus direitos

1. Circule na imagem as crianças que estão exercendo os direitos delas.

2. Conte aos colegas quais cenas você circulou e por quê.
3. Quais outros direitos você acha que as crianças deveriam ter?

Estatuto da Criança e do Adolescente

Em 1990, foi criado no Brasil o Estatuto da Criança e do Adolescente (ECA), um conjunto de leis que reafirma que as crianças e os adolescentes têm direito à vida, à saúde, à alimentação, à educação, ao esporte, à cultura e à liberdade. Além disso, eles têm direito ao atendimento prioritário em postos de saúde e hospitais e devem ser os primeiros a serem socorridos em qualquer situação de emergência.

O ECA estabelece que crianças são todas as pessoas com até 12 anos de idade, e adolescentes são aquelas entre 13 e 18 anos. Nele também está regulamentado que menores de 14 anos não podem trabalhar.

▶ Avó e neta brincam juntas. São Paulo, São Paulo, 2017.

Estatuto do Idoso

Assim como há o conjunto de leis que protege as crianças e os adolescentes, o ECA, há também o Estatuto do Idoso, criado em 1997, que garante direitos à população com mais de 60 anos.

Esse estatuto abrange o direito ao atendimento preferencial nos órgãos públicos, o fornecimento gratuito de alguns medicamentos pelo poder público, a gratuidade nos transportes coletivos públicos aos maiores de 65 anos e a prioridade de atendimento aos maiores de 80 anos.

A lei também proíbe a discriminação dos idosos em qualquer trabalho ou emprego e prevê punição a quem deixar de lhes prestar assistência, abandoná-los em hospitais ou casas de saúde ou submetê-los a maus-tratos ou condições degradantes.

Lei Brasileira de Inclusão da Pessoa com Deficiência

Uma pesquisa feita em 2010 mostrou que mais de 45 milhões de brasileiros têm algum tipo de deficiência (visual, auditiva, motora ou intelectual). Isso representava, naquele ano, cerca de um em cada três brasileiros. Essa parcela significativa da população, no entanto, enfrenta cotidianamente dificuldades devido à falta de estrutura das cidades e da oferta de serviços, por exemplo, além de situações de discriminação.

Diante disso, em 2015, foi aprovada a Lei Brasileira de Inclusão da Pessoa com Deficiência, uma conquista de diversos setores sociais. O principal objetivo dessa lei é garantir que pessoas com deficiência tenham mobilidade e acesso ao lazer, à informação e a um trabalho digno. Assim, por meio dela, espera-se que suas necessidades sejam atendidas para que possam exercer a cidadania, conviver em sociedade e desenvolver-se plenamente.

Um dos temas que essa lei traz para o debate público é o da **acessibilidade**. Segundo esse princípio, a organização de um espaço deve ser pensada para garantir a qualidade de vida de todas as pessoas que o frequentam. Também devem ser acessíveis os meios de comunicação e outros serviços, o que exige de todos uma forma de pensar e de agir mais inclusiva e com mais empatia.

▶ Acessibilidade em ônibus. São Caetano do Sul, São Paulo.

Direto da fonte

Uma fonte do presente

Quando escrevemos uma carta ou uma lei, esses documentos podem tornar-se importantes fontes de estudo do passado para os historiadores. Uma lei pode revelar informações sobre os problemas que uma sociedade estava enfrentando no momento em que ela foi elaborada. Assim, documentos que escrevemos hoje podem, no futuro, indicar aos pesquisadores os problemas do presente.

1 Leia o trecho do estatuto a seguir e responda às questões.

> Parágrafo único. Para efeito deste Estatuto, considera-se:
>
> I – discriminação racial ou étnico-racial: toda distinção, exclusão, restrição ou preferência baseada em raça, cor, descendência ou origem nacional ou étnica que tenha por objeto anular ou restringir o reconhecimento, gozo ou exercício, em igualdade de condições, de direitos humanos e liberdades fundamentais nos campos político, econômico, social, cultural ou em qualquer outro campo da vida pública ou privada;
>
> II – desigualdade racial: toda situação injustificada de diferenciação de acesso e fruição de bens, serviços e oportunidades, nas esferas pública e privada, em virtude de raça, cor, descendência ou origem nacional ou étnica;

Brasil. Lei nº 12.288, de 20 de julho de 2010. Estatuto da Igualdade Racial. Disponível em: <www.planalto.gov.br/ccivil_03/_ato2007-2010/2010/lei/l12288.htm>. Acesso em: 12 jun. 2019.

a) O trecho acima faz parte de que tipo de documento?

_____

_____

b) Qual é o tema dele?

_____

_____

c) Que tipo de informação podemos obter sobre a sociedade atual ao ler esse documento?

_____

_____

_____

_____

Atividades

1 Analise a história em quadrinhos e responda às questões a seguir.

▶ Trecho da história em quadrinhos "Um menino sobre rodas", publicada na revista *Mônica* nº 222.

a) As situações representadas nos quadrinhos indicam que os direitos do personagem estão sendo respeitados? Por quê?

_____

_____

b) Você já encontrou ambientes acessíveis como esse em algum lugar? Se sim, onde foi?

_____

_____

2 Associe o nome da lei com a parcela da população que ela protege.

> [ECA] Estatuto da Criança e do Adolescente
> [EI] Estatuto do Idoso
> [EPD] Estatuto das Pessoas com Deficiência

☐ Pessoas com deficiência visual.   ☐ Pessoas com mais de 60 anos.

☐ Pessoas com menos de 18 anos.   ☐ Pessoas com deficiência auditiva.

3 Observe a imagem a seguir. Com base nela, complete as sentenças.

a) A fotografia mostra um sistema usado por pessoas com deficiência _____ para poder ler.

b) Esse sistema chama-se braile porque foi criado por Louis Braille, que perdeu a _____ em um acidente na infância.

c) Para _____, as pessoas percorrem uma superfície de papel ou outro suporte com as pontas dos _____, pois os caracteres são em relevo.

4 Procure mais informações na biblioteca ou na internet e escreva pelo menos dois grupos sociais que não estudamos neste capítulo, mas que também devem ser respeitados e tratados com igualdade pela sociedade.

_____

5 Ainda hoje há crianças cujos direitos não são respeitados. Descreva duas situações em que isso acontece e sugira pelo menos uma forma de evitá-las.

_____

_____

_____

CAPÍTULO 4

O desafio da tolerância

Diálogo entre culturas

1. Escute com muita atenção a história de um festejo que o professor irá contar.

2. Agora, com base no que o professor contou, faça um desenho de como você imagina que seja esse festejo.

3. Quais símbolos culturais e religiosos citados pelo professor ao longo da história você conhece?

Os princípios da tolerância

A cultura brasileira é formada por meio do diálogo entre as culturas dos diferentes povos que vivem em nosso país. A história que você ouviu na abertura deste capítulo é um exemplo disso.

O resultado desse diálogo cultural pode ser visto nas diferenças físicas entre as pessoas, nas vestimentas, nos costumes e tradições, nas festas folclóricas, nos hábitos alimentares, nos rituais e práticas religiosas, na música e na dança.

▶ Pessoas praticam capoeira, uma representação cultural que mistura luta e dança.

Como seres humanos, somos todos iguais e temos todos os mesmos direitos. Ao mesmo tempo, somos diferentes nas características físicas, culturais, sociais, econômicas etc. Nosso grande compromisso é aceitar e respeitar essa diversidade, ou seja, praticar a tolerância.

> Tolerar é compreender e aceitar que cada pessoa é diferente na aparência, no modo de ser e de viver, na cultura e nos gostos, mas todos são iguais em direitos.

Educação para a tolerância

Você já viu ou ouviu falar de atitudes de violência causadas pela intolerância, pela não aceitação das diferenças? Muitos conflitos entre pessoas ou grupos têm origem em formas de discriminação e intolerância.

O desenvolvimento de atitudes tolerantes e de respeito à diversidade relaciona-se com a capacidade de nos colocarmos no lugar do outro, ou seja, a empatia. Ele também depende da garantia do direito à educação, à igualdade de oportunidades e à participação de todos na sociedade.

Por isso, a implementação da tolerância no cotidiano da sociedade representa um grande desafio, necessitando não só de políticas públicas, leis e normas mas de uma mudança na forma de pensar e de agir. Essa mudança só é possível com a educação para a tolerância.

> Aprender a ser tolerante é tão importante que, na década de 1990, a Organização das Nações Unidas para a Educação, a Ciência e a Cultura (Unesco) aprovou a Declaração de Princípios sobre a Tolerância. Nesse documento, afirma-se que a tolerância é uma condição necessária para a efetivação dos direitos humanos.

▶ Pessoas de diversas etnias unidas, representando a tolerância.

Direito à liberdade religiosa

Entre os princípios da Constituição Federal e da Declaração dos Direitos Humanos, estão a liberdade e a igualdade. Qualquer forma de intolerância fere esses princípios.

Existem muitas formas de intolerância, entre elas a religiosa. A intolerância religiosa é manifestada quando não se aceitam as crenças ou a religião do outro. Muitos chegam a tentar impedir a prática de certas tradições religiosas e discriminam seus adeptos. Mas o que é religião?

Religião é um conjunto de crenças sobre um plano espiritual e divino, bem como sobre o papel dos seres vivos na Terra, que é aceito e praticado por um grupo. Cada religião tem regras e valores que devem ser seguidos por seus adeptos.

Os sistemas de crença na espiritualidade são encontrados em praticamente todos os grupos humanos e em quase todos os momentos da história. Até mesmo os grupos dos períodos mais antigos da humanidade tinham conjuntos de regras derivados daquilo que acreditavam ser sagrado ou divino.

Assim, ao longo da trajetória humana, inúmeros sistemas de crenças e religiões foram criados e praticados por diferentes grupos. Atualmente, no Brasil, há adeptos do cristianismo, do judaísmo, da umbanda, do candomblé e de muitas outras religiões.

Uma das formas de aceitar a diversidade religiosa é conhecer e entender como os povos, em diferentes momentos da história, desenvolveram seu sistema de crenças.

▶ Da esquerda para a direita: o presidente de Israel, Shimon Peres, o patriarca ortodoxo, Bartolomeu, o papa Francisco e o presidente palestino, Mahmud Abbas, em uma oração pela paz nos jardins do Vaticano, 2014.

Atividades

1. Defina com suas palavras o que é tolerância.

   _____
   _____
   _____
   _____
   _____

2. De que maneira a tolerância se relaciona com a prática da cidadania?

   _____
   _____
   _____

3. O texto a seguir contém trechos de alguns artigos da Declaração de Princípios sobre a Tolerância, de 1995. Leia-o e depois faça o que se pede.

   > Artigo 1 – Significado da tolerância
   > 1.1 A tolerância é o respeito, a aceitação e o apreço da riqueza e da diversidade das culturas de nosso mundo, de nossos modos de expressão e de nossas maneiras de exprimir nossa qualidade de seres humanos. É fomentada pelo conhecimento, a abertura de espírito, a comunicação e a liberdade de pensamento, de consciência e de crença. [...]
   > 1.2 [...] A tolerância é, antes de tudo, uma atitude ativa fundada no reconhecimento dos direitos universais da pessoa humana e das liberdades fundamentais do outro. Em nenhum caso a tolerância poderia ser invocada para justificar lesões a esses valores fundamentais. A tolerância deve ser praticada pelos indivíduos, pelos grupos e pelo Estado. [...]
   > 1.4 Em consonância ao respeito dos direitos humanos, praticar a tolerância não significa tolerar a injustiça social, nem renunciar às próprias convicções, nem fazer concessões a respeito. A prática da tolerância significa que toda pessoa tem a livre escolha de suas convicções e aceita que o outro desfrute da mesma liberdade. Significa aceitar o fato de que os seres humanos, que se caracterizam naturalmente pela diversidade de seu aspecto físico, de sua situação, de

seu modo de expressar-se, de seus comportamentos e de seus valores, têm o direito de viver em paz e de ser tais como são. Significa também que ninguém deve impor suas opiniões a outrem.

Unesco. *Declaração de Princípios sobre a Tolerância*. Disponível em: <http://unesdoc.unesco.org/images/0013/001315/131524porb.pdf>. Acesso em: 27 jun. 2019.

a) Quem deve praticar a tolerância?

_____

_____

_____

b) Relacione essa declaração com a liberdade religiosa.

_____

_____

_____

c) A tolerância pode ser comprada ou doada? Justifique sua resposta.

_____

_____

d) É possível praticar tolerância impondo a própria opinião aos outros? Explique.

_____

_____

_____

_____

4. Você e sua família são religiosos? Se sim, cite exemplos da religiosidade em seu cotidiano.

_____

_____

_____

Hora da leitura

Religiões brasileiras

A cultura brasileira foi formada da miscigenação de diversos povos, cada um com seus costumes e com sua religião. Com isso, nosso país tem pessoas de diferentes religiões.

Observe o cartaz a seguir:

▶ Cartaz comemorativo do Dia Nacional de Combate à Intolerância Religiosa.

1 Qual é o tema desse cartaz? Justifique sua resposta.

_____

_____

2 Você conhece ou utiliza alguma das expressões do cartaz em seu cotidiano? Em caso afirmativo, qual? Explique o significado dela.

_____

_____

3 Para você, qual é a diferença entre liberdade de expressão e intolerância religiosa?

_____

_____

_____

HISTÓRIA em ação

As igrejas e a memória

As religiões deixam suas marcas no mundo, seja pela forma pela qual elas organizaram as sociedades, seja pelas comemorações ainda presentes em nosso dia a dia, como o Natal ou a Páscoa.

As religiões também marcam a paisagem, com suas igrejas, templos ou mesquitas. Uma cidade cuja paisagem é muito marcada pela religiosidade do passado é Ouro Preto, em Minas Gerais.

▶ Vista do centro histórico com a Igreja de São Francisco de Assis à esquerda e no alto, à direita, o Museu da Inconfidência, na Praça Tiradentes, e Igreja de Nossa Senhora do Carmo – construções do século XVIII. Ouro Preto, Minas Gerais.

A região, que até o século XVII era habitada pelos indígenas, passou a ser ponto de interesse dos portugueses por causa das minas de ouro encontradas ali. Assim, para lá se dirigiram pessoas vindas de todo o Brasil.

Como a religiosidade era uma característica muito forte da sociedade da época, igrejas como a de São Francisco de Assis e a Matriz do Pilar começaram a ser construídas. Elas foram tão ricamente decoradas que se tornaram exemplo de um movimento artístico conhecido como Barroco.

A importância das igrejas e de outras construções de Ouro Preto é tão grande que a cidade foi declarada Patrimônio Histórico da Humanidade pela Unesco em 1980.

Como eu vejo
As religiões e o mundo

Existem muitas religiões no mundo, e a forma de crer de cada povo influencia no modo como as pessoas se relacionam, em suas leis, costumes; enfim, em todos os aspectos da vida: na sociedade, na cultura e até mesmo na economia e na política. A religião está intimamente ligada à história de um povo e é importante analisá-la para compreender uma sociedade.

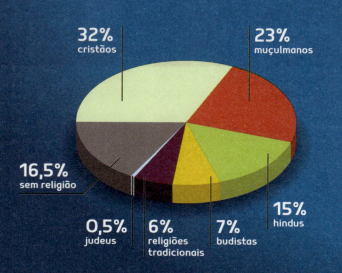

- 32% cristãos
- 23% muçulmanos
- 16,5% sem religião
- 0,5% judeus
- 6% religiões tradicionais
- 7% budistas
- 15% hindus

Fonte: Pew Research Center's Forum on Religion & Public Life/Global Religious Landscape, dez. 2012.

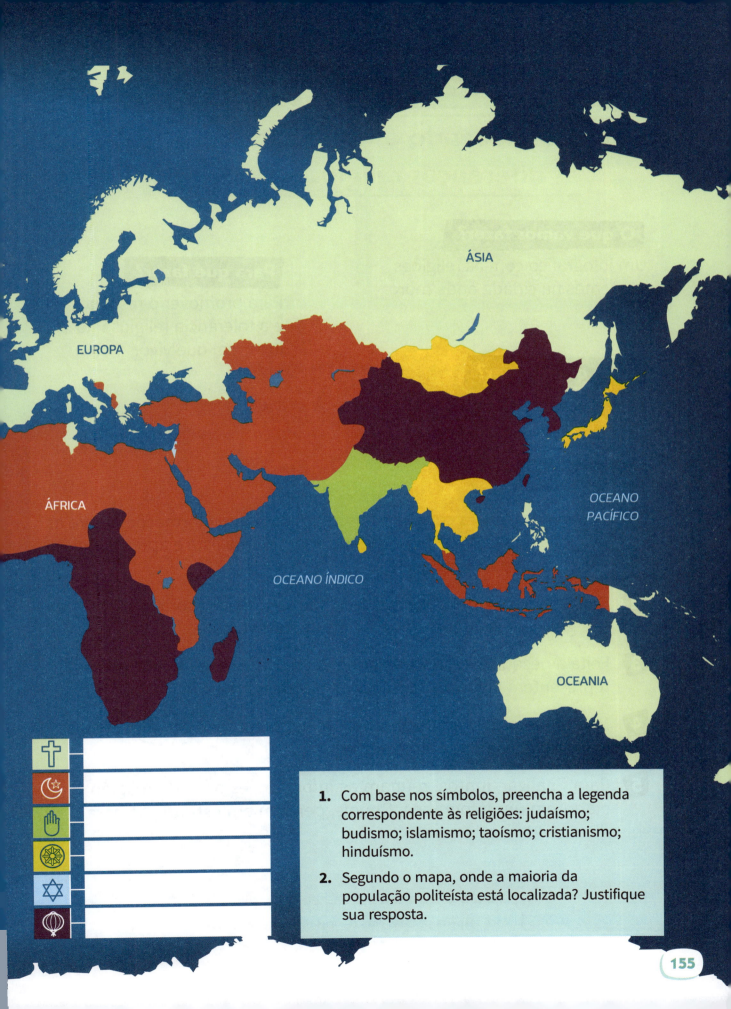

1. Com base nos símbolos, preencha a legenda correspondente às religiões: judaísmo; budismo; islamismo; taoísmo; cristianismo; hinduísmo.

2. Segundo o mapa, onde a maioria da população politeísta está localizada? Justifique sua resposta.

Como eu transformo

Conhecendo e respeitando as diferenças religiosas

O que vamos fazer?
Um infográfico com as religiões existentes na cidade onde moro.

Para que fazer?
Para promover o respeito e a tolerância religiosa no lugar em que vivo.

Com quem fazer?
Com os colegas e o professor.

Como fazer?

1. Reúna-se com três colegas e, juntos, pesquisem informações sobre as religiões praticadas em sua cidade. Façam uma lista e apresentem-na aos colegas e ao professor.

2. Das religiões existentes em sua cidade, o professor sorteará uma para seu grupo pesquisá-la e obter mais dados sobre ela.

3. Feita a pesquisa, escrevam pequenos textos e reúnam imagens que representem algumas particularidades dessa religião.

4. Mostrem a produção do grupo aos colegas e observem com atenção a apresentação dos outros grupos.

5. Para finalizar, juntos, reúnam as informações de cada religião e elaborem um infográfico. Depois, pensem em estratégias para divulgá-lo.

Você respeita pessoas com crenças diferentes das suas? Por quê?

Revendo o que aprendi

1 Preencha a linha do tempo com os nomes dos presidentes do Brasil do século XXI.

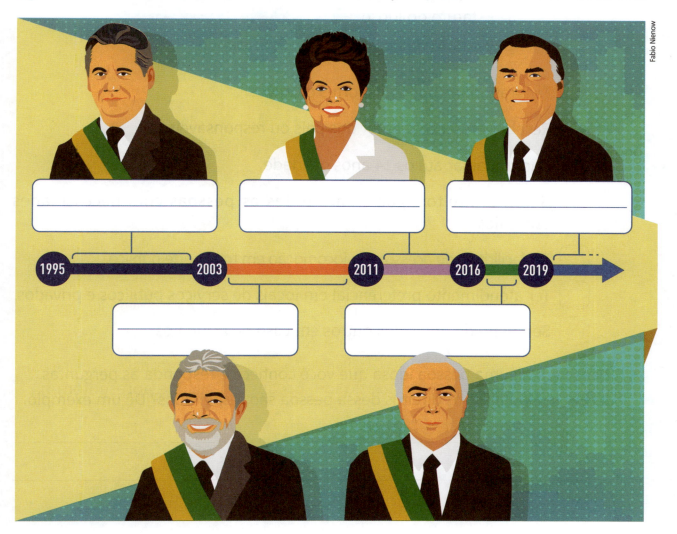

2 Qual é a origem do problema agrário de nosso país? Como essa questão se expressa na atualidade?

_____
_____
_____
_____
_____

157

3 Associe os documentos aos direitos que eles defendem.

> **A** Declaração Universal dos Direitos da Criança
> **B** Estatuto do Idoso
> **C** Estatuto da Pessoa com Deficiência

☐ Ter gratuidade nos transportes coletivos.

☐ Receber proteção e amor dos pais ou responsáveis.

☐ Não trabalhar até os 14 anos de idade.

☐ Garante direitos iguais para todas as pessoas com necessidades específicas.

☐ Ter facilidade de acesso e de locomoção em transporte público.

☐ Ter atendimento preferencial em locais de serviços públicos e privados.

☐ Ser atendido antes dos outros em caso de acidentes.

4 Pense em alguma pessoa idosa que você conhece e responda às perguntas.
a) Em sua opinião, os direitos dessa pessoa são respeitados? Dê um exemplo.
_____
_____
_____
_____

b) Em sua opinião, por que os idosos precisam receber mais atenção e carinho do que as outras pessoas?
_____
_____
_____
_____
_____

5 Observe a imagem a seguir e responda:

a) O que ela representa sobre a prática de tolerância religiosa?

_____
_____
_____
_____

b) O que significa a expressão "O mundo é plural"?

_____
_____
_____

6 Em dupla, converse com um colega sobre como podemos respeitar a religião das pessoas. Depois, faça um texto citando exemplos de atitudes que devemos ter com quem segue crenças diferentes das nossas.

_____
_____
_____
_____
_____

Nesta unidade vimos

- O governo e o *impeachment* de Dilma Rousseff.

- O governo de Michel Temer.

- O conturbado processo eleitoral de 2018.

- O início do governo de Jair Bolsonaro.

- Todos os membros de uma sociedade como a nossa têm direitos e deveres civis, políticos e sociais.

- No Brasil, o Estatuto da Criança e do Adolescente garante direitos fundamentais a todos que estão nessas faixas etárias.

- Há outros estatutos que visam garantir direitos básicos a diferentes grupos da população, como idosos ou pessoas com deficiência.

- Os direitos dos cidadãos mudam com o tempo, e houve, em diferentes lugares, diversas tentativas de garantir direitos básicos. Esses direitos só foram conquistados com muita luta das pessoas em diferentes tempos e espaços.

- O exercício da cidadania é também praticar o respeito às diferenças e aceitar as práticas culturais dos outros.

- As religiões devem ser compreendidas e respeitadas como práticas pessoais e fonte imaterial para o conhecimento de uma sociedade.

Para finalizar, responda:
- Você é um cidadão pleno? Explique o que isso representa.
- Como você pratica a cidadania no lugar em que vive?
- Como você acredita que as práticas do presente podem influenciar a construção do mundo no futuro?

Para ir mais longe

- **Vivemos juntos**, de Edson Gabriel Garcia (FTD).

  Livro que mostra, por meio do olhar de um menino, como as pessoas podem conviver, em uma cidade, sendo tão diferentes umas das outras. Com Zé Luiz, o personagem da obra, você aprenderá diferentes práticas que transformarão a vida de todos em casa, na escola e em muitos outros lugares.

- **Religiões e crenças**, de Nereide Schilaro Santa Rosa (Moderna).

  Práticas religiosas de origem indígena, africana e portuguesa que fazem parte da cultura popular brasileira são apresentadas com exemplos de nossa cultura no cotidiano.

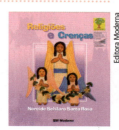

- **Lutando por direitos**, de Rogério Andrade Barbosa (Melhoramentos).

  O livro conta a história de Cícero, um menino que tenta recuperar seu cabritinho de estimação após ele ser vendido. O mais curioso de tudo é o nome do cabrito: Direitos. Nessa obra, você acompanhará as aventuras do garoto para recuperar seu animal de estimação e aprenderá também que a conquista de direitos é feita com muita luta e com a participação de todos.

- **A eleição da criançada**, de Pedro Bandeira (Melhoramentos).

  Esse livro mostra as diferenças entre duas chapas na eleição de uma escola, sempre ressaltando a importância do diálogo, do consenso, do espírito de equipe e da prática da ética não somente na política.

- **Religiões do mundo**, de Maxwell Chalesworth e Robert John Ingpen (Global).

  Desde que surgiram, os seres humanos têm religião. Cada religião é como um pequeno mundo à parte – um mundo onde vivem as pessoas que nele acreditam. Existem centenas de mundos religiosos. Esse é um livro importante para todas as pessoas, pois ajuda a pensar nas profundas questões a respeito das religiões e da vida.

Atividades para casa

Unidade 1

1 Assinale as afirmações corretas sobre o desenvolvimento da agricultura entre os primeiros grupos humanos.

☐ As técnicas de cultivo foram descobertas no início do Período Paleolítico.

☐ A observação dos ciclos da natureza possibilitou aos seres humanos desenvolver a agricultura.

☐ O aumento da população humana foi um dos efeitos do domínio da agricultura.

☐ Para que pudessem cultivar os próprios alimentos, os grupos humanos precisavam se deslocar constantemente.

2 A sedentarização ocasionou grandes mudanças no modo de vida dos primeiros grupos humanos e na relação entre eles e a natureza. Explique algumas dessas mudanças.

_____
_____
_____
_____

3 Observe a imagem com atenção e faça o que se pede no caderno.

◆ Que elementos da imagem possibilitam afirmar que não se trata de um grupo sedentário? Justifique sua resposta.

4 As primeiras formas de registro criadas pelos seres humanos eram pictogramas e ideogramas, representações muito diferentes da escrita que usamos hoje. Sobre esse assunto, faça o que se pede.

a) Assinale o item que apresenta um exemplo de **pictograma**.

b) Crie um ideograma e um pictograma para representar algo de seu cotidiano.

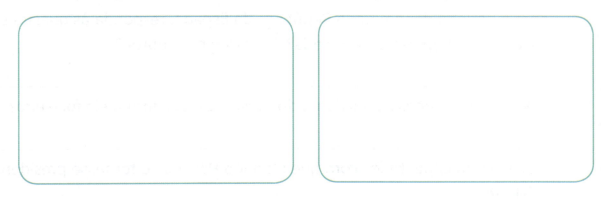

5 Os curdos formam uma nação sem Estado. Essa afirmação é falsa ou verdadeira? Justifique.

_____

_____

6 Faça uma pesquisa sobre monarquias no mundo atual. Escolha um exemplo de monarquia tradicional e outro de monarquia constitucional e registre no caderno uma breve história de cada uma delas.

7 Agora, faça uma pesquisa sobre repúblicas no mundo atual e apresente um exemplo de república presidencialista e outro de república parlamentarista, contando no caderno um pouco da história delas.

Unidade 2

1. Escreva **V** nas afirmativas verdadeiras e **F** nas falsas.

    ☐ O Segundo Reinado teve início em 1840 com o governo de D. Pedro II.

    ☐ Durante o Segundo Reinado não houve modernizações políticas ou econômicas.

    ☐ O Segundo Reinado foi um período no qual o acesso à saúde e à educação eram garantidos a toda a população.

    ☐ Durante o Segundo Reinado havia intenso uso de trabalho escravo e grande desigualdade social no Brasil.

    ☐ Foi apenas durante o Segundo Reinado que surgiram as ideias republicanas no Brasil.

2. Sobre o período denominado República da Espada, responda às questões.

    a) O que foi a República da Espada? Quanto tempo durou?

    _____

    b) Quem foi o primeiro presidente do Brasil e de que forma ele foi eleito?

    _____

    c) Que acontecimento fez com que Floriano Peixoto se tornasse presidente da República?

    _____

    _____

3. Complete as lacunas a seguir.

    O _____ era o principal produto. Os lucros obtidos com a _____ dele, cujas lavouras do estado de _____ eram as mais prósperas, alimentavam outro importante setor econômico, a _____ . Também foram importantes na economia do período outras matérias-primas, como o látex, extraído na região amazônica – usado na produção de _____ –, e o _____ , na Bahia.

4 Preencha o quadro a seguir.

NOME DO CONFLITO	LOCALIDADE	MOTIVAÇÕES
Guerra de Canudos		
Revolta da Chibata		
Contestado		

5 Que acontecimentos anteciparam o Golpe de 1930? E que medidas foram tomadas por Getúlio Vargas ao assumir o poder?

___

___

___

___

6 Cite duas conquistas políticas decorrentes do Código Eleitoral e da Constituição de 1934.

___

___

___

Unidade 3

1. Escreva **V** nas afirmativas verdadeiras e **F** nas falsas.

☐ O maior projeto de desenvolvimento de estradas, distribuição de energia e meios de transporte que tivemos no Brasil foi implementado no governo do presidente Jânio Quadros.

☐ Durante o governo de Dutra, de 1951 a 1954, foi criada a Petrobras, empresa responsável por todos os processos de produção do petróleo brasileiro.

☐ Após a tentativa de assassinato de Carlos Lacerda, que fazia oposição ao governo de Getúlio Vargas, o presidente Vargas renunciou à presidência.

☐ O governo de Juscelino Kubitschek estimulou a indústria, principalmente a de automóveis e de eletrodomésticos, e foi responsável pela construção da nova capital do país.

☐ João Goulart obteve grande popularidade e foi reeleito para o cargo de presidente.

2. Observe a imagem a seguir e responda às questões:

▶ Soldados do exército na Central do Brasil. Rio de Janeiro, 1964.

a) Que acontecimento está representado na imagem?

_____

b) O que esse acontecimento significou para o regime político e para a população brasileira?

_____

_____

_____

3 Escolha três palavras para definir o período da Ditadura Militar no Brasil e explique as razões de sua escolha.

_____

_____

_____

4 Para combater a Ditadura Militar, alguns brasileiros recorreram à luta armada. O conflito mais conhecido desse período foi a Guerrilha do Araguaia. Vamos saber mais detalhes sobre ela? Em grupo, pesquisem e escrevam um pequeno texto sobre:

- quando e onde ela ocorreu;
- quais grupos políticos estavam envolvidos;
- qual era o objetivo dos guerrilheiros.

5 Escreva **V** nas afirmativas verdadeiras e **F** nas falsas.

☐ No início do governo de José Sarney, os brasileiros sofriam com a inflação alta. Na tentativa de resolver o problema, o governo lançou um projeto econômico chamado Plano Cruzado.

☐ A Constituição Cidadã tornou a prática de racismo um crime afiançável e de menor gravidade.

☐ Um importante acontecimento do Governo Itamar Franco foi o lançamento do Plano Real, que mudou a moeda novamente, de cruzeiro real para real, e controlou a inflação, o que ampliou a capacidade da população de adquirir produtos e serviços e promoveu a estabilização da economia.

☐ O Governo Lula assumiu como prioridade o combate à pobreza por meio do Programa Fome Zero. Com esse programa, o governo pretendia garantir a todos os brasileiros necessitados uma alimentação adequada.

Unidade 4

1. Sobre os presidentes que assumiram a Presidência do Brasil após o fim da Ditadura Militar, observe o quadro e assinale um **X** nas opções corretas:

	Assumiu o governo por meio de eleições diretas	Implementou plano econômico contra a inflação	Investiu amplamente em programas sociais	Sofreu processo de *impeachment*
JOSÉ SARNEY				
FERNANDO COLLOR				
ITAMAR FRANCO				
FHC				
LULA				
DILMA ROUSSEFF				
MICHEL TEMER				
JAIR BOLSONARO				

2. Escreva **V** nas afirmativas verdadeiras e **F** nas falsas.

☐ A desigualdade social, que se caracteriza por poucas pessoas terem muito dinheiro e muitas pessoas terem pouco ou quase nada, gera diversos problemas sociais, entre eles, a violência.

☐ A garantia dos direitos civis não diz respeito ao direito à liberdade, à segurança pessoal e à igualdade perante a lei, mas aos direitos à moradia, ao estudo e ao trabalho.

☐ Os direitos políticos garantem a participação das pessoas nas decisões políticas e na organização da sociedade na qual elas vivem.

☐ O Código de Trânsito Brasileiro está em vigor desde 1990 e foi criado para proteger os consumidores, por exemplo, no caso de compra de produtos com defeito.

☐ O Estatuto da Criança e do Adolescente é um conjunto de leis, criado em 1990, cujo objetivo é a proteção de crianças e adolescentes para que possam viver em condições dignas.

3 Atualmente, todos os brasileiros têm acesso a serviços públicos essenciais? Descreva a situação atual e dê sua opinião sobre ela.

_____
_____
_____
_____

4 Sobre a tolerância religiosa, responda:

a) O que é religião e qual é a importância da tolerância religiosa para a vida em sociedade?

_____
_____
_____

b) Que medidas podem ser tomadas para estimular a sociedade a praticar a tolerância? No caderno, crie uma forma de comunicá-las às pessoas de seu bairro.

5 Um grande problema no Brasil é a violência. Forme um grupo com colegas e, juntos, elaborem um cartaz que exemplifique os tipos de violência que vocês observam ao redor, com sugestões de como isso pode ser combatido.

Datas comemorativas

Dia Internacional da Mulher – 8 de março

As origens do Dia Internacional da Mulher remontam ao ano de 1908, quando operárias da indústria têxtil fizeram uma greve em Nova York para reivindicar melhores condições de trabalho. No ano seguinte, em fevereiro de 1909, foi celebrado um dia nos Estados Unidos em memória da luta dessas mulheres.

A iniciativa ganhou apoio em diversos outros países. Em uma conferência internacional realizada na Dinamarca, em 1910, foi estabelecido o Dia Internacional da Mulher. A data em que celebramos a luta das mulheres por direitos, no entanto, foi definida apenas em 1975 pela ONU: **8 de março**.

Há muito tempo as mulheres brasileiras lutam para conseguir igualdade de direitos e oportunidades em relação aos homens. Embora tenham conquistado importantes direitos, como ao voto, ao trabalho, à remuneração, ao divórcio e à proteção no caso de violência doméstica, ainda há muito a ser feito.

1 Observe a imagem abaixo.

▶ Manifestação de mulheres em 8 de março de 2017. São Paulo, São Paulo.

◆ É possível verificar algumas das reinvindicações recentes do movimento de mulheres. Quais são elas e o que elas defendem?

2 Que tal conhecer algumas mulheres que foram importantes ao longo da história do Brasil? Faça uma pesquisa sobre mulheres que atuaram no campo da Ciência, da Política, da Educação, entre outros. Depois, em grupo, organizem um mural.

Dia do Trabalho – 1º de maio

O Dia do Trabalho é comemorado em 1º de maio em diversos lugares do mundo. No Brasil e em outros países, esse dia é feriado nacional. Na comemoração, acontecem festas, manifestações, passeatas, exposições e eventos.

A data foi escolhida para lembrar um acontecimento importante ocorrido em 1886. No dia 1º de maio daquele ano, operários das indústrias de Chicago, nos Estados Unidos, iniciaram greves para reivindicar melhores condições de trabalho. Naquela época, não havia leis que beneficiassem os trabalhadores. Eles fizeram passeatas e, quando a polícia tentou acabar com o movimento, houve confronto, que terminou em prisões, muitos feridos e doze trabalhadores mortos.

Convencionado internacionalmente desde 1889, o Dia do Trabalho foi adotado no Brasil em 1925. Nessa data celebram-se todos os trabalhadores que, cada um a seu modo, contribuem para o cotidiano da vida em sociedade. Ela também marca historicamente a luta por direitos trabalhistas.

▶ Show de Dado Villa-Lobos e Marcelo Bonfá em *Legião Urbana XXX Anos*. São Paulo, São Paulo.

▶ Agricultor trabalhando em horta. Tatuí, São Paulo.

1 O Dia do Trabalho marca a luta dos trabalhadores por direitos. Em sua opinião, que direitos devem ser garantidos para que os trabalhadores tenham uma existência digna e boa qualidade de vida?

_____
_____
_____
_____

Dia Internacional dos Direitos Humanos – 10 de dezembro

Em 10 de dezembro de 1948, a Organização das Nações Unidas instituiu a Declaração Universal dos Direitos Humanos. Essa declaração tem 30 capítulos relacionados àquilo que é considerado fundamental para que todas as pessoas vivam com dignidade. Entre outros direitos, consta nesse documento que todas as pessoas:

- nascem livres e iguais e têm os mesmos direitos;
- têm direito à vida, à liberdade e à segurança pessoal;
- têm direito à propriedade e ninguém pode tirar aquilo que a elas pertence;
- têm o direito de votar e de escolher seus governantes;
- têm direito à educação gratuita e a serviços de saúde;
- têm direito ao trabalho e devem receber remuneração pelo trabalho executado;
- têm direito ao descanso e ao lazer.
- Para lembrar a instituição da declaração e reforçar a importância dela é que celebramos o Dia Internacional dos Direitos Humanos.

▶ Indígena da etnia terena votando para os cargos de presidente, governador do estado, senadores, deputados federais e estaduais. Campo Grande, Mato Grosso do Sul.

1 Sem negar a importância do dia 10 de dezembro, muitas pessoas defendem que "o dia dos direitos humanos é todo dia". Você concorda com essa afirmação? Por quê?

_____
_____
_____
_____

2 Agora, escolha dois direitos apresentados anteriormente e, em uma folha avulsa, represente-os com desenhos ou imagens retiradas de revistas, jornais ou da internet.

Caderno de cartografia

Brasil: divisão territorial (1900)

Fonte: Directoria Geral de Estatística, Recenseamento do Brazil 1900.

Democracia na primeira década do século XXI

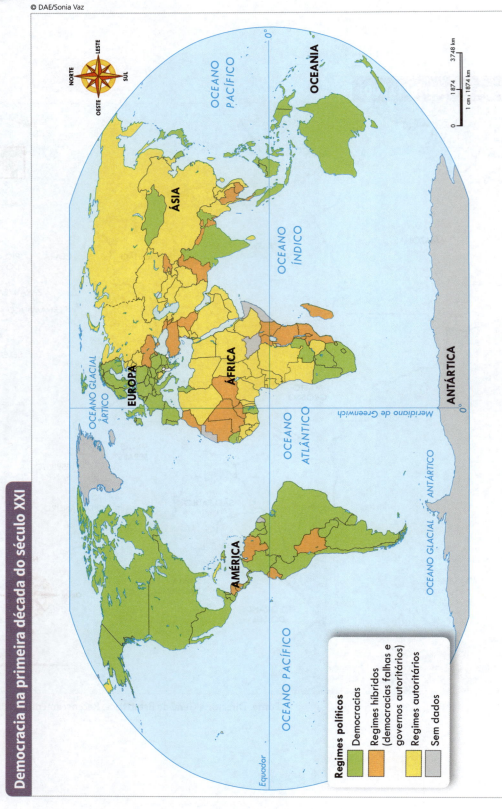

Fonte: Economist Intelligence Unit (EIU). Disponível em: <www.eiu.com>. Acesso em: 13 jun. 2019.

Encartes

Imagens para a atividade da página 8.

  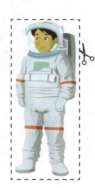  

Ilustrações: Dam Ferreira

Imagens para a atividade da página 134.

Cassandra Cury/Pulsar Imagens

DMEPhotography/iStockphoto.com

Fernando Favoretto/Criar Imagem

kali9/iStockphoto.com